AF617238

EL TRÁNSITO HACIA LA PAZ EN COLOMBIA

EL TRÁNSITO HACIA LA PAZ EN COLOMBIA

CONVERSACIÓN CON EL ÚLTIMO COMANDANTE DE LAS FARC-EP

Jerónimo Ríos Sierra

Editor: Ramiro Domínguez Hernanz

C/ San Gregorio, 8, 2, 2ª Madrid
España
www.silexediciones.com

ISBN: 978-84-10267-65-7
Depósito Legal: M-22605-2024
Colección: Sílex Universidad

Impreso y encuadernado en España

CONTENIDO

PRÓLOGO

Rodrigo Londoño, un guerrillero cabal

Rodrigo Londoño Echeverri, *Timochenko*, fue el tercer comandante en jefe de las FARC-EP desde 2011, tras el corto mandato de Guillermo León Sáenz, *Alfonso Cano*, de 2008 hasta su muerte por acción militar en 2011. Ambos eran parte del secretariado de la organización, formado por 8 personas, a la muerte de Pedro Antonio Marín, *Manuel Marulanda Vélez* o *Tirofijo*, comandante en jefe desde la fundación de la organización en 1964 hasta su fallecimiento en 2008. La historia del liderazgo de las FARC-EP es sumamente homogénea: un fundador y sus lugartenientes, por lo que esta conversación larga con Timo es muy ilustrativa de las estrategias militares de las FARC-EP, de las preocupaciones cotidianas de la vida en armas y de la permanente apuesta por el diálogo para alcanzar la paz sin renunciar a su ideario.

La conversación nos muestra un hombre relativamente modesto, que tiene muchas dudas al asumir la comandancia de la organización, que se apena por sus amigos muertos y que no está dispuesto a rendirse. Rodrigo Londoño es consciente de la difícil situación en la que se encuentra la organización cuando toma su mando, pero no considera la posibilidad de una derrota militar. Es sensato, a la par que decidido. De ahí nace su renovada apuesta por la paz, que, a partir de un escepticismo inicial con el gobierno de Santos, se irá concretando en los diálogos en La Habana, apoyados sin escatimar ningún medio por el gobierno de Cuba —lo que es especialmente relevante en la degradada situación económica derivada del larguísimo bloqueo del país por los Estados Unidos—. Rinde, también, un merecido reconocimiento a Hugo Chávez, el presidente de Venezuela, sin el que no se hubiera podido llegar a los Acuerdos de Paz. E incluso menciona el papel norteamericano que, en su no oposición, permitió que siguiera adelante el proceso de diálogo.

Confirma que las diferencias con los dirigentes que constituyeron la Segunda Marquetalia, *Iván Márquez* y *Jesús Santrich*, venían de lejos, de bastante antes que los diálogos de La Habana, que iba a haber liderado él, pero terminaron dirigiendo éstos. Diferencias que eran tácticas, pero también estratégicas y terminaron abriendo la más importante brecha dentro de las extintas FARC-EP.

El análisis sobre la organización tras el Acuerdo es muy realista. Los sucesivos fracasos electorales han de explicarse a partir de la imagen que tiene la organización en la sociedad. Más o menos la mitad de los y las colombianas apoyaron los Acuerdos de Paz, y muchos de ellos han podido sentir simpatía por la Fuerza Alternativa Revolucionaria del Común (FARC), más adelante transmutada en Comunes, pero el voto no ha sido una opción para la mayoría. No obstante, siguen viendo a actores externos como responsables de la desacreditación de Comunes, mediante falsedades y distorsiones, y no asumen la responsabilidad que sus acciones pasadas puedan tener en esos fracasos electorales.

Pero quizás el final del libro, cuando se habla de Gustavo Petro y las perspectivas de su "paz total", sea la parte más digna. Hay un sincero reconocimiento, admiración y apoyo a un político controvertido, pero que se atrevió a desafiar a las derechas colombianas y triunfó con la esperanza de traer una paz completa al país. Comunes entró en el Pacto Histórico y compitieron junto a Petro en las últimas elecciones presidenciales. Fue un apoyo sincero y convencido.

El intento de demolición por parte de Iván Duque de los Acuerdos de Paz había llevado a los desmovilizados a una situación cercana a la desesperación. De lo que puedo dar testimonio personal. Con motivo de trabajo de campo, en la primera vuelta de las últimas elecciones presidenciales me encontraba en una de los antiguos Espacios Territoriales de Capacitación y Reincorporación (ETCR), La Fila, situado en el municipio de Icononzo, departamento de Tolima. Ciertamente la decepción con la dirección de Comunes se había extendido bastante entre los pobladores de este lugar, pero la ilusión con Petro era muy grande, del mismo tamaño que la desesperación que les producía tener que ir a una segunda vuelta, en la que una victoria del candidato de las derechas era interpretada por muchos como una señal clara de que volver a las armas, como habían hecho ya sus compañeros de Segunda Marquetalia, se convertía en una opción no solo retórica. La victoria de Petro en la segunda vuelta, ya sólo la victoria, estoy seguro de que evitó más reincorporaciones de desmovilizados a las organizaciones armadas.

Las FARC-EP eran —como el ELN lo es todavía— reminiscencias del orden geopolítico de la Guerra Fría, cuya pervivencia en la actualidad podía ser una anomalía. Pero siempre les quedaba la posibilidad de transmutarse en otro tipo de organización, más centrada en la violencia criminal y el narcotráfico. Los colombianos y colombianas y el mundo en general tienen que agradecer a Rodrigo Londoño y a los 13.609 que se desmovilizaron (de los cuales el 94,9% están activos y cumpliendo con su proceso de reincorporación, según el Informe Final de la Comisión de la Verdad) y no se convirtieron en una banda criminal.

Por eso, la paz no es una utopía —siento disentir de Londoño en esto—, es la única opción para Colombia. Pero, por otra parte, la paz no puede ser sólo un asunto que negociar con los actores políticos, sino que ha de abarcar a todos los actores violentos, a riesgo de que la inseguridad social posterior a los acuerdos políticos conduzca a regímenes "iliberales" —por denominarlos con ese rodeo amable— como el de Bukele en El Salvador.

Madrid, a 3 de julio de 2024
Heriberto Cairo

El conflicto armado interno colombiano ha dado lugar en Colombia, desdiciendo al gran historiador británico de tradición marxista, Eric Hobsbawm, a un largo siglo XX. Lo anterior, por tratarse de la confrontación armada más longeva de América Latina, que formalmente nace a mediados de la década de los sesenta, pero que hunde sus raíces dos décadas atrás, en unas coordenadas de violencia política, guerra civil partidista y reclamos desatendidos de acceso a los derechos sobre la tierra.

Siempre reconozco, tras muchos años estudiando el fenómeno guerrillero en Latinoamérica y no solo en Colombia, que tan particular conflicto armado adolece de tres rasgos distintivos con respecto a la casuística comparada. En primer lugar, destaca su longevidad. Aún hoy el Ejército de Liberación Nacional (ELN), surgido en 1964 en una zona remota del departamento de Santander, y con inspiración cubana, sigue enarbolando, con casi nula credibilidad, la bandera de la revolución en aras de la justicia social. Es decir, este año 2024 se cumplen 60 años de un contexto de violencia política tan indómito como irresoluto que, aunque surge desde explicaciones estructurales, ideológicas, sociales y políticas excluyentes, en este tiempo se ha ido nutriendo de multitud de razones explicativas, yuxtaponiendo violencias, actores armados y factores en pro de su permanencia, sin atisbo de una superación completa.

Un segundo elemento particular es su violencia. De acuerdo con el informe publicado a mediados del año 2022 por la Comisión de la Verdad, las cifras que ha dejado consigo el conflicto son sencillamente desoladoras. Esto es, más de 450.000 muertes, del cual el 80% de los mismos, por cierto, fueron civiles desarmados. Aparte, se registraron más de 120.000 desapariciones forzadas, 50.000 secuestros y 8.000.000 de desplazamientos forzados internos. Tal magnitud de descomposición y afectación al tejido social supera ampliamente las 200.000 muertes del conflicto guatemalteco (1960-1996); las 75.000

muertes de la guerra civil salvadoreña (1980-1992) o las casi 70.000 acaecidas en Perú entre 1980 y 1999, lastradas por la violencia del Estado y, sobre todo, aunque no en exclusiva, por las acciones armadas del Partido Comunista del Perú – Sendero Luminoso. Claro está, son coordenadas de violencia por completo alejadas del ciclo de violencia terrorista en Europa Occidental que tuvo lugar tras el punto de inflexión que representa Mayo del 68.

Longevidad y violencia desbordada son dos factores que entroncan con un tercer rasgo distintivo del caso colombiano: su complejidad. Por supuesto, hablar de complejidad puede parecer un lugar común, pero lo cierto es que, nuevamente, si miramos en perspectiva comparada, observamos hechos insólitos y exclusivos del caso que nos ocupa. Encontramos guerrillas de primera generación, surgidas en los referidos años sesenta, bajo las pulsiones de la Guerra Fría, como las Fuerzas Armadas Revolucionarias de Colombia[1] (FARC), el ELN o el Ejército Popular de Liberación. También, guerrillas de segunda generación, como el Movimiento 19 de Abril (M-19), aparecido en 1974, o la Guerrilla Indingenista Quintín Lame (GIQL), que emergen a partir de la década siguiente reclamando reformas profundas de la democracia colombiana, pero si enarbolar la bandera del marxismo. Por si fuera poco, hay otras tantas estructuras guerrilleras, más desconocidas para el público general, como la Autodefensa Obrera (1974) o el Partido Revolucionario de los Trabajadores (1982); disidencias constituidas en formaciones revolucionarias autónomas como el Ejército Revolucionario del Pueblo (1996) o el Ejército Revolucionario Guevarista (1993); e incluso plataformas de convergencia guerrillera en clave nacional, como la Coordinadora Nacional Guerrillera (1985) y la Coordinadora Guerrillera Simón Bolívar (1987). Incluso, en clave continental se encuentra el proyecto del Batallón América (1987), liderado por el M-19 en coalición con la GIQL, la guerrilla ecuatoriana de Alfaro Vive Carajo y la peruana del Movimiento Revolucionario Túpac Amaru.

---

[1] Es a partir de la VII Conferencia Guerrillera, de 1982, que se incorporan a las FARC las siglas Ejército del Pueblo (EP).

De todas ellas, sin duda, las FARC-EP fueron el actor guerrillero más importante. De los 48 guerrilleros que sobrevivieron a la Operación Marquetalia del 27 de mayo de 1964, y que constituyeron las FARC en 1966, la estructura llegó a quedar conformada, a comienzos del 2000, por más de 18.000 efectivos armados organizados en más de 80 frentes de guerra, y con presencia en el 40% de la superficie del país. Su mayor desarrollo tuvo lugar entre mediados de los ochenta y finales de los noventa, por ser cuando mayores capacidades armadas presentan y mayores ingresos obtienen y capacidades despliegan en el contexto de la confrontación armada. Diferentes trabajos académicos estiman, en este tiempo, ingresos anuales por encima de los 2.000 millones de dólares con base en el negocio cocalero, el secuestro y la extorsión. Asimismo, sus capacidades de combate, especialmente a mediados de los noventa, pusieron en alerta la capacidad de respuesta por parte del Estado, validando una perversión criminal como fue el recurso y auge del paramilitarismo.

Y es que, la pluralidad de actores, ni mucho menos, se puede reducir al ámbito de las guerrillas. El paramilitarismo comienza a mediados de los setenta como una efectiva manifestación criminal amparada en la falta de respuesta estatal frente al activismo guerrillero y en conexión con el negocio narcotraficante que comienza a despegar a finales de la década. Primero en enclaves remotos de Antioquia o Magdalena, y después, desde 1978, en torno a Puerto Boyacá, en el Magdalena Medio, nombres como el de Ramón Isaza, 'Mono Celín' o Henry Pérez aproximan sus intereses criminales a los del cártel de Medellín. Colombia, que a finales de los 80, de largo, era el país más violento del mundo, experimentaba una suerte de violencias yuxtapuestas en y contra el Estado, al proliferar una multitud de grupos de autodefensa campesina, los cuales terminan por converger en las Autodefensas Campesinas de Córdoba y Urabá (1994), rebautizadas en las temidas Autodefensas Unidas de Colombia, en 1997. Es decir, a decenas de proyectos guerrilleros y paramilitares, se añade la importancia de un fenómeno narcotraficante sin el cual no se puede entender ni desligar la virulencia y vigencia de tantas décadas de confrontación violenta -y cuyas máximas expresiones fueron los carteles de Medellín y Cali-. Aparte, y por su fuera poco, el terrorismo de Estado también estuvo presente en la desaparición de miles de inocentes, eufemísticamente llamados como "falsos positivos", que fueron ofrecidos a la opinión pública como combatientes abatidos en operativos de la fuerza pública. En suma, no se puede pasar por alto que casi la mitad de las muertes violentas en Colombia son atribuibles, en exclusiva, al paramilitarismo, a lo que se añade, por ejemplo, un 12% adicional que es responsabilidad del Estado (el 21% son imputables, por ejemplo, a las FARC-EP y el 4% al ELN).

Lo cierto es que este libro no trata de la historia de la violencia en Colombia, ni tampoco de los procesos de paz que, desde comienzos de los ochenta, se han sucedido en el país. Para eso, respectivamente, recomiendo mis dos trabajos más importantes, en los que vuelco casi una década de investigación vivida en Colombia, conociendo centenares de municipios y recogiendo hasta 300 testimonios orales. Para tal cometido están *Historia de la violencia en Colombia, 1946-2020. Una mirada territorial* (Sílex Ediciones, 2021) e *Historia de los procesos de paz en Colombia (1982-2022). Elites políticas, Fuerzas Militares, guerrillas y paramilitarismo* (Comares, 2023). Este trabajo ofrece otra mirada, más actual y personal. Se centra en los últimos tres gobiernos que, de manera diferente, se han aproximado a la superación de la violencia en Colombia, teniendo a las FARC-EP como el actor central. Es decir, el Gobierno de Juan Manuel Santos (2010-2018); el de Iván Duque (2018-2022); y, finalmente, el más reciente de Gustavo Petro (2022-2026) -que apenas cumple la mitad de su mandato al momento de escribir estas páginas-. En los tres, se intenta ofrecer la manera en la que la paz es concebida como aspiración y prioridad (o no) política, aunque con especial atención a lo que respecta y representan unas FARC-EP en completa transformación.

La mayor aportación y lo verdaderamente importante no es otra cosa que la conversación mantenida con Rodrigo Londoño Echeverri (1959, Calarcá, Quindío), otrora conocido por 'Timochenko'. 'Timo', como se le llama en la cercanía, ha sido el tercer comandante jefe de la historia de unas FARC-EP que, anteriormente, fueron comandadas por 'Manuel Marulanda', desde su surgimiento y hasta 2008; y entre 2008 y 2011, por 'Alfonso Cano'. 'Timo', a través de una larga conversación sostenida entre ambos, narra en este libro su vivencia personal y el cómo se produjo, desde una perspectiva sincera, cercana e inédita, el modo en que la guerrilla asumió los últimos años de conflicto armado y se dispuso para protagonizar el Acuerdo de Paz más importante y ambicioso, no solo de Colombia, sino de la historia reciente de América Latina. Un testimonio de vida que bien merece la pena ser atendido, y entendido, para conocer el modo en el cual se produjo esa transformación de enemigo a adversario que requiere la normalidad democrática y la apuesta por vivir en paz desde el reconocimiento, la tolerancia y la diferencia política.

Sin duda, lo que el lector tiene entre las manos es el testimonio de un firme convencido de la paz, como es 'Timo', y que hasta el día de hoy pone en valor lo que se entiende como una apuesta personal, pero también colectiva, por contribuir a la recomposición del tejido social maltrecho por décadas de violencia en Colombia. Todo ello, desde el firme compromiso por la paz, la justicia, la verdad y la reconciliación.

LAS FARC-EP BAJO LA PRESIDENCIA DE JUAN MANUEL SANTOS (2010-2018)

DE LA CONFRONTACIÓN ARMADA A LA PAZ TERRITORIAL

INTRODUCCIÓN

Cuando Juan Manuel Santos Calderón alcanza la presidencia de Colombia, en agosto de 2010, existe el pleno convencimiento de que lo hace como firme continuador de la política de "mano dura" que había llevado a Álvaro Uribe a niveles de popularidad nunca vistos en Colombia. Santos había sido el ministro de Defensa de la "Operación Fénix", que implicó el bombardeo de las Fuerzas Militares (FFMM) sobre suelo ecuatoriano para dar de baja al comandante del Bloque Sur de las FARC-EP, 'Raúl Reyes' (Pizarro, 2021). De otra parte, en 2010 y en 2011 se produjeron operativos que, igualmente, dejaron consigo la muerte de las dos figuras más importantes de las FARC-EP tras la de 'Manuel Marulanda', por causas naturales, en 2008. Es el caso de la "Operación Sodoma", en septiembre de 2010, que produce la caída del jefe militar de las FARC-EP y comandante del poderoso Bloque Oriental, 'Mono Jojoy'. Asimismo, en noviembre de 2011 la "Operación Odiseo" consigue la muerte del comandante en jefe de la guerrilla, 'Alfonso Cano'[1] (Duncan, 2021).

Este último hecho se produce cuando ya existen contactos informales con el Gobierno para explorar las posibilidades de un eventual proceso de diálogo. Asimismo, el contexto de fondo no es el de la beligerancia y la hostilidad con los vecinos andinos sino el de cordialidad y normalización. Al respecto, es significativo que de inmediato, con la llegada de Santos a la presidencia, se normalizasen de inmediato las erosionadas relaciones con Venezuela y Ecuador. También, la designación de Enrique Santos Calderón –hermano

[1] Como se verá en la posterior entrevista con Rodrigo Londoño, 'Timochenko', estos dos acontecimientos son de gran trascendencia para lo que internamente sucederá en las FARC-EP.

del presidente– y Sergio Jaramillo para la exploración de un posible diálogo, a partir de marzo de 2011, y que se hará público en agosto de 2012, se puede entender como otro gesto de que el gobierno que sucedía a Álvaro Uribe, en realidad, representaba un cambio de 180º con respecto de su política de seguridad.

El trasfondo de la violencia en Colombia en el año 2012 no cambia en esencia con respecto al de los últimos dos años del mandato presidencial de Uribe. La presencia guerrillera mantenía niveles estables de violencia y activismo y los operativos militares, más allá de los dos importantes golpes sobre 'Jojoy' y 'Cano', distan mucho de traducirse en una derrota militar a corto plazo (Echandía y Cabrera, 2017). La dimensión periférica de la violencia se encontraba inalterada. Por ejemplo, solo en 2012, de las 824 acciones armadas cometidas por las FARC-EP, la mayor parte se condensaba en siete departamentos: Antioquia (96), Arauca (57), Caquetá (64), Cauca (161), Nariño (73), Norte de Santander (74) y Putumayo (70) (ODHDIH, s.f.). De igual forma, el ELN logra mantener constante su activismo, aunque en otro volumen de operativos, sobre el litoral Pacífico y la región nororiental: Arauca (26), Norte de Santander (11), Nariño (9), Chocó (8) y Cauca (4) (ODHDIH, s.f.). En ambos casos se apreciaba, además, una cierta recomposición con respecto a las cifras registradas en 2007 y que permiten entender las siguientes palabras del entonces vicepresidente del país, Angelino Garzón:

> Mire todo lo que supuso la Política de Seguridad Democrática del presidente Uribe, con el fin de derrotar militarmente a la guerrilla. Estado y guerrilla llevan en guerra desde 1964 y en todo ese tiempo ni Estado ni guerrilla han obtenido una victoria militar. Ambos comparten un fracaso mutuo y así se entiende el actual proceso de paz. Un diálogo entre perdedores (...) Que hayamos tenido que esperar tanto se debe al interés que siempre ha despertado el conflicto. Al Estado le convenía la existencia de guerrilla por la propia posibilidad que ofrece pactar con la corrupción. A la guerrilla, a su vez, le convenía un Estado poco democrático a fin de justificar su existencia. Y en esa estamos en una negociación que se piensa que ya está firmada, pero que no es ni será fácil. (Angelino

Garzón, entrevista, ministro de Trabajo y Seguridad Social (2000-2002) y Vicepresidente de la República (2010-2014), Bogotá, junio de 2015).

Con base en lo anterior, el proceso de diálogo que comienza formalmente en octubre de 2012, lo hace sobre una realidad totalmente diferente a las iniciativas de paz intentadas en el pasado –siendo las más destacadas la de los presidentes Betancur (1984) y Pastrana (1998) (Pizarro, 2017: Ríos, 2023). Pareciera que las elites de gobierno y guerrilla, de un modo u otro, asumían que el proceso de diálogo era la única manera racional de resolver el conflicto armado, vista la imposibilidad de la vía militar (Ríos, 2018; Ríos, 2021; Ríos e Hidalgo, 2022). A tal efecto, se dispuso de una agenda que, constituida sobre seis puntos, buscaba resolver los aspectos más importantes sobre los que se erigía el conflicto armado: 1) reforma rural integral; 2) participación política; 3) fin del conflicto; 4) solución al problema de las drogas ilícitas; 5) víctimas y, finalmente; 6) refrendación, implementación y verificación.

Esto se realizaba sobre una negociación cuya parte inicial habría de transcurrir primeramente en Oslo y que, después, se traslada a La Habana, mostrando la importancia de que terceros actores internacionales velasen por los buenos oficios del proceso de diálogo. Es por ello por lo que, desde el comienzo, se crea la figura de dos acompañantes, Chile por el gobierno colombiano y Venezuela por las FARC-EP, junto a dos garantes como Noruega (a instancia del gobierno) y Cuba (por solicitud de las FARC-EP) apoyen la interlocución y faciliten la consecución de los compromisos y la hoja de ruta esperada.

Aparte de la actitud dialogante, la internacionalización del proceso y la definición de una agenda posibilista –alejada de los 12 puntos y 48 subpuntos que, por ejemplo, se propusieron en la agenda de negociación del Caguán, entre enero de 1999 y febrero de 2002– debe destacarse la composición de los equipos negociadores. En la mesa del Gobierno, en su equipo central, junto al mencionado Sergio Jaramillo (Alto Comisionado de Paz), estaba una figura moderada y altamente comprometida con la paz como es Humberto de la Calle (Jefe del Equipo Negociador), además de dos mayores generales en

Mapa 1. Presencia armada de FARC-EP y ELN, 2012

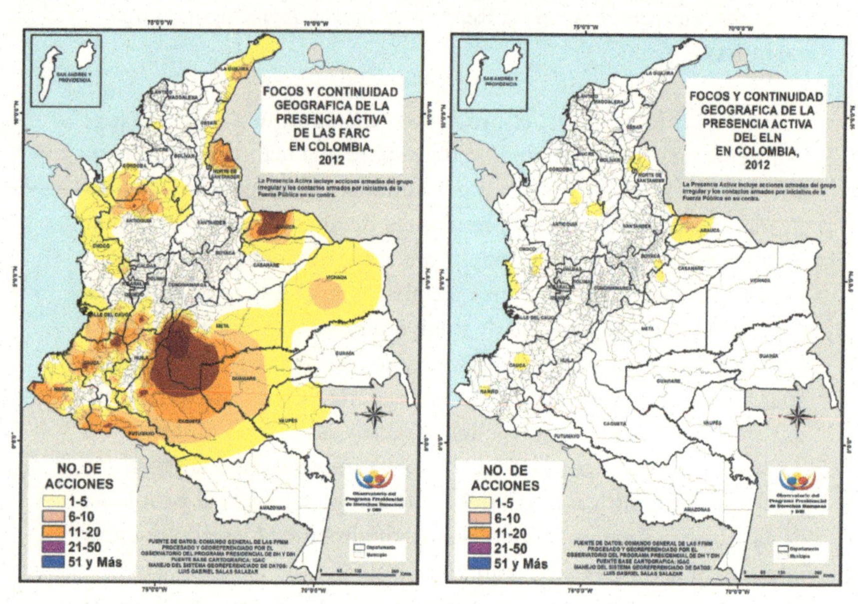

Fuente: ODHDIH (s.f.)

retiro, uno del Ejército (Jorge Enrique Mora) y otro de la Policía Nacional (Óscar Naranjo), junto a Luis Carlos Villegas, muy próximo al gremio empresarial, y Frank Pearl (con experiencia dilatada en diversas iniciativas de construcción de paz en Colombia).

Por su parte, en las FARC-EP la delegación quedaba encabezada por comandantes de la guerrilla pertenecientes a estructuras menos beligerantes que las que encabezaron el proceso del Caguán, en 1998, como fue el caso de 'Mono Jojoy' o 'Raúl Reyes'. De este modo, en esta ocasión, estructuras como el Bloque Caribe, a través de 'Iván Márquez' y 'Jesús Santrich', el Bloque Occidental, con 'Pablo Cataumbo' o el Bloque Magdalena Medio, liderado por 'Pastor Alape', dirigirían las riendas del diálogo. No se puede dejar de lado que, más allá de las crisis puntuales de las que adoleció el proceso de diálogo, éste transcurrió bajo el compromiso de relacionarse con la prensa a través de comunicados conjuntos, lo cual minimizaba el impacto de desinformaciones, manipulaciones o filtraciones a la prensa. Tanto fue así, que se suscribieron un total de 109 comunicados firmados por ambas partes, lo cual permitió que toda comunicación por fuera de la mesa de negociaciones fuese controlada, consensuada y discutida previamente (Ríos, 2018).

La evolución del proceso de negociación, entre 2012 y 2016, si bien no previó más que interrupciones de las hostilidades muy limitadas en el tiempo, sí que se desarrolló bajo un claro proceso de *desescalamiento*. Basta con observar cómo en 2015, apenas se registraron un total de 122 acciones guerrilleras. De éstas, 94 (sobre 62 municipios) correspondían a unas FARC-EP cuya principal presencia territorial se mantenía sobre los enclaves ya descritos: Antioquia (22), Arauca (8), Cauca (20), Caquetá (2), Nariño (15), Norte de Santander (12) y Putumayo (6). Las otras 28 acciones fueron responsabilidad de un ELN volcado sobre Arauca (10), Norte de Santander (9), Bolívar (5), Cauca (2) y Nariño (2), y con vistas a un proceso de diálogo que iniciaría dos años después. No sería baladí, como informaba el Centro de Recursos para Análisis del Conflicto (CERAC), que mientras que el promedio de muertes ocasionados por el conflicto armado entre 2012 y 2013 era de 500 víctimas, entre 2015 y 2016 esta cifra llegó a decaer por debajo de las diez.

LOS SEIS PUNTOS DEL ACUERDO DE PAZ CON LAS FARC-EP

Los seis puntos del Acuerdo que firmarían gobierno y guerrilla, como se apuntaba, terminaban por gravitar sobre los elementos esenciales que soportaban los términos de una violencia armada que, la más longeva de América Latina, superaba el medio siglo.

LA REFORMA RURAL INTEGRAL

El primer punto de la agenda de paz suscrito entre el gobierno colombiano y las FARC-EP se centró en la necesaria trasformación de la estructura de la propiedad de la tierra en Colombia. Esta circunstancia reposaba en el hecho de que, según el Programa de

Naciones Unidas para el Desarrollo (2011), el 1.1% de la población total del país resultaba propietaria de más del 50% de la superficie de la tierra. De este modo, Colombia era, y es, uno de los países más desiguales del mundo, tanto por su coeficiente de Gini según la distribución de la renta (0.54), como por su coeficiente de Gini según la distribución de a tierra (0.85) –de acuerdo con los registros anuales publicados por CEPAL.

Igualmente, no se puede pasar por alto el hecho de que dicha reforma rural se caracterizaba por haber sido una de las reivindicaciones históricas de las FARC-EP pues, aunque ideológicamente se trata de una guerrilla fuertemente influida por el marxismo-leninismo, la matriz campesina y el agrarismo radical son dos de los componentes que, desde su inicio, han estado presentes en el corpus ideológico de esta guerrilla.

El primer punto del Acuerdo de Paz entre el Gobierno y la guerrilla incorporaba, como elemento transversal, tres componentes nucleares a efectos de garantizar una reforma rural integral y una mayor democratización de la posesión y propiedad del uso de la tierra: la erradicación de la pobreza, el acceso progresivo a la propiedad y la democratización la tenencia de la tierra. Tres elementos que, junto con reconocer la importancia que han tenido las condiciones objetivas en la reproducción de la violencia tenida lugar en los escenarios rurales, justificaban la necesidad de formalizar un sector económico y laboral que durante décadas ha sido desatendido –y que condensa buena parte del casi 45% de población civil que, en la actualidad, vive en Colombia bajo condiciones de pobreza y vulnerabilidad–.

Este punto primero del Acuerdo de Paz también promovía, como principio rector de todas las acciones, la necesidad de salvaguardar la asociatividad solidaria por medios de formas de ocupación del campo de cariz cooperativo, además de impulsar la consolidación de las denominadas como Zonas de Reserva Campesina (ZRC). Todo ello, desde un enfoque transversal de género y de multiculturalidad, desde el que regular, legitimar, y promover la participación de las comunidades rurales en los enclaves más afectados por el conflicto armado, en el uso y disposición de la tierra.

Para cumplir con lo expuesto, se reconoce la necesidad de un conjunto de tierras que puedan ser empleadas en satisfacer las demandas y necesidades rurales, y que el Acuerdo integra a través de un Fondo de Tierras y un proceso de formalización masiva de derechos. El Fondo de Tierras comprometía tres millones de hectáreas, formado por tierras bajo extinción judicial de dominio a favor del Estado; tierras baldías, indebidamente ocupadas, y recuperadas por el Estado; tierras de origen forestal; tierras inexplotadas, recuperadas como consecuencia del incumplimiento de función social o ecológico, y tierras donadas a efectos del propio Fondo. De otro lado, el proceso de formalización masiva de la propiedad rural habría de comprender otros siete millones de hectáreas que, durante doce años, han de dirigirse a pequeños propietarios quienes, a su vez, se verán favorecidos por un elenco de acciones tales como apoyo jurídico, subsidios o créditos. Todo, a efectos de fortalecer la aprehensión de los derechos de posesión y propiedad sobre la titularidad de la tierra.

Otro aspecto que destacar sería el hecho de que los dos instrumentos de la Reforma Rural Integral mencionados se integran, además, con el imperativo de transferir recursos, líneas de crédito, infraestructura vial, de riego y eléctrica, así como desarrollo social, educación y vivienda, por parte del gobierno hacia el nivel municipal. A través de lo que se denomina Programas de Desarrollo con Enfoque Territorial (PDET), se busca es optimizar los recursos dirigidos hacia el acuerdo con las demandas territoriales que, *exprofeso*, provienen de las necesidades locales. Es decir, las inversiones en clave nacional buscan integrarse y satisfacer los proyectos requeridos desde la instancia municipal. Y si bien, ello no resulta un proceso real de descentralización, es importante reconocer su valor como elemento de consolidación de la gobernabilidad local.

Lo anterior es muy importante, por tratarse Colombia de un país profundamente (re)centralizado, a pesar de ser constitucionalmente un Estado administrativamente descentralizado. Aunque artículos como el 298, el 350 o el 357 de la Constitución Política colombiana invitan a pensar en un potencial proceso descentralizador, la realidad es toda la contraria, al encontrarse la condicionalidad del gasto público, la responsabilidad de la planificación de la política pública y la titularidad de la competencia, estrictamente, en el nivel central de gobierno. Por ejemplo, de cada 100 euros que se recaudan en el país, el 85% son gestionados desde y para el nivel central; el 5% los gestiona el Distrito Capital; el otro 5% es para los 32 departamentos del país y, finalmente, el último 5% es destinado a los más de 1.120 municipios que conforman el conjunto del Estado (FND, 2013). Es decir, esta fuerte inelasticidad vertical de los recursos públicos desdibujaría cualquier atisbo en favor de los gobiernos subnacionales de manera tal que una buena implementación de los PDET hubiera de contribuir a fortalecer al municipio en la interlocución del diseño de políticas públicas, al menos, dentro de este sector primario.

Finalmente, y habida cuenta del cariz poco competitivo y productivo del sector primario en Colombia y, en especial, de las zonas de mayor impronta rural, tal y como ha reconocido la CEPAL en un estudio de Rodríguez Jaramillo y De Aguas (2015), se hacía necesaria la puesta en marcha de acciones que fortaleciesen todo lo anterior, y para lo cual, el Acuerdo prevé un elenco de medidas cuyo principal interés pasa por integrar estímulos a la producción agropecuaria. Ello, por medio de apoyos a la economía solidaria y cooperativa, asistencia técnica, generación de ingresos y crédito, asociatividad, y formalización laboral y protección social en contextos fuertemente azotados por el conflicto armado. Contextos, a los que el excombatiente de las FARC-EP busca volver, fuera de la violencia, pero desde una marcada impronta colectiva, alejada, al menos inicialmente, de la empresa privada.

PARTICIPACIÓN POLÍTICA: APERTURA DEMOCRÁTICA PARA CONSTRUIR LA PAZ

La participación política fue de uno de los debates más controvertidos y recurridos por los opositores al Acuerdo, quienes entendían que dicha participación no se podía reducir a un mero tránsito de las armas a las urnas. Lo cierto es que, si bien se trata de una cuestión imprescindible en toda negociación con grupos armados, el volumen total de participación acordado en favor de las FARC-EP siempre estuvo muy lejos de lo conseguido por otros acuerdos. Lo anterior, porque en ellos, además de un número mínimo de congresistas o senadores, se comprometieron embajadas, viceministerios, ministerios e, incluso, vicepresidencias. Una realidad de poder en cuanto a participación política que no puede percibirse de la misma manera si se atiende el alcance de lo acordado con las FARC-EP en La Habana.

Una de las prioridades para la guerrilla siempre fue la construcción de un marco jurídico que confiriera derechos y garantías al ejercicio de la oposición política en general y, de nuevo movimientos sociales, en particular. Y es que, en el imaginario colombiano, y muy particularmente, en el imaginario de las FARC-EP, siempre estuvo muy presente el "genocidio" realizado sobre la UP, durante la segunda mitad de los años ochenta (Ríos, 2023b). El Acuerdo, a efectos de esta participación política, reivindica la necesidad, tanto de un estatuto de garantías para el ejercicio de la oposición política que sustantive el artículo 112 de la Constitución, como de un Sistema Integral de Seguridad para el Ejercicio de la Política, desde el que desarrollar el ejercicio efectivo de derechos y libertades de oposición política. Se trata de salvaguardar una efectiva participación que otorgue seguridad jurídica plena a la igual concurrencia y disputa de las nuevas posiciones ideológicas que, con la llegada de las FARC-EP, deben integran un nuevo sistema partidista colombiano. Disputa que, de la misma manera, se hace extensible a organizaciones, movimientos sociales y defensores de derechos humanos, según el artículo 2.1.2.2 del Acuerdo.

He aquí una de las grandes incertidumbres aquél, pues la falta de una efectiva paz territorial hasta el momento, unida a la intensificación de la violencia política producida por el vacío de poder de las FARC-EP en el tablero del conflicto armado (Ríos, 2022), ha dejado consigo una sobreexposición de líderes sociales y activistas locales, hasta el punto de que, en los últimos años, se aproxima a las 2.000 muertes violentas (Ríos, 2022b; Indepaz, 2023, 2024). Una cifra abrumadora que, de partida, reivindicaría la prioridad que supone garantizar una real y efectiva protesta y oposición política y social en Colombia. Especialmente, si se cumple la hipótesis de Pécaut (2006), por la cual, superada una situación de control de la reivindicación social por parte de las FARC-EP, la cual debilitó la emergencia de nuevos movimientos sociales, cabría esperar una tendencia creciente en cuanto a la aparición de nuevos movimientos sociales y elementos de protesta social y política, tal y como ha sucedido con los paros nacionales de 2019 o 2021.

Otro elemento significativo, indisociable de la participación política, tendría que ver con la creación y garantía de espacios mediáticos e informativos que visibilicen parte de este nuevo discurso político, bien por medio de la concesión de radios comunitarias en aquellos enclaves más afectados por el conflicto –incorporando, la democratización del espectro electromagnético–, bien abriendo espacios en emisoras y canales institucionales y regionales. Ello, en favor de reivindicar la necesaria atención de las demandas de los colectivos más afectados por el conflicto, pero también con base en producir y divulgar contenidos que fomenten una cultura de paz con justicia social y reconciliación.

Lo anterior guardaría mucha relación con resolver una invisibilidad que, en política, conduce necesariamente a la desaparición, y que en Colombia ha sido constante durante décadas. Es decir, el Acuerdo busca establecer mecanismos que integren la visibilidad de ciertas necesidades insatisfechas en las regiones mayormente afectadas por el conflicto, con la problematización y politización de las mismas. Todo, en aras de fortalecer la democracia en clave municipal. Quizá, es por esto por lo que, en este punto segundo, se enfatiza marcadamente en la necesidad de empoderar a la ciudadanía en la esfera local, promoviendo tanto la participación ciudadana en el control y seguimiento a la asignación de recursos y su implementación, como la presencia activa en los niveles de planeación política. Presencia, articulada a través de unos Consejos Territoriales de Planeación con los que se intenta integrar las iniciativas ciudadanas en el diseño de planes de desarrollo, pero también en los mecanismos de control social, seguimiento, y rendición de cuentas.

Finalmente, lo más importante de este punto se encontraría en la instauración de mecanismos expresos que garanticen jurídica, financiera y electoralmente el partido político surgido tras la desmovilización de las FARC-EP. Además de ofrecerse un trato tan prioritario como diferenciado a aquellos contextos más excluidos y castigados por el conflicto armado, el Acuerdo incorpora la necesidad de proponer un mecanismo de reforma del régimen y la organización electoral. Un cometido este, a desarrollar partir de una misión electoral especial, integrada por seis expertos – mayoritariamente colombianos– seleccionados por el Centro Carter, la Universidad de Los Andes, la Universidad Nacional y el Instituto Holandés para la Democracia Multipartidaria, y a la que se sumará un miembro de la Misión de Observación Electoral.

Por último, bajo el propósito de fortalecer la visibilidad los escenarios rurales *invisibilizados* por el conflicto, el elemento de mayor valor agregado del Acuerdo se encontraría en la creación de 16 Circunscripciones Transitorias Especiales para la Paz que conducirían a la elección de 16 Representantes a la Cámara, por un periodo de dos periodos presidenciales, –y que, como se verá, fue impedido por el gobierno de Iván Duque. La intencionalidad no es otra que la de integrar y dar voz en el Legislativo a personas de estos territorios, o desplazados por la violencia de estos, con la única salvedad de que la libre concurrencia electoral no pueda realizarse ni por partidos políticos con representación en el Congreso ni por el partido surgido del tránsito de las FARC-EP a la actividad política.

FIN DEL CONFLICTO

El elemento más importante para poner fin al conflicto armado, denominado en el Acuerdo como Cese al Fuego y de Hostilidades Bilateral y Definitivo y Dejación de Armas, se condensa, conforme a lo recogido en el punto 3.1.4, en 20 Zonas Veredales Transitorias de Normalización (ZVTN) y 7 Puntos Transitorios de Normalización (PTN). Zonas y puntos que debían servir como el entorno hacia el cual, una vez aprobado el Acuerdo de Paz, los diferentes frentes y bloques de las FARC-EP tuvieron que dirigirse, previas rutas fijadas junto con el gobierno. Las ZVTN eran, por ende, el componente que debía de asumir las primeras iniciativas para el tránsito hacia la legalidad, acogiendo en campamentos no solo la dejación de armas sino desarrollando las primeras acciones de reincorporación de excombatientes de las FARC. Estas ZVTN fueron ubicadas en La Paz (Cesar), Tibú (Norte de Santander), Remedios, Ituango y Dabeiba (Antioquia), Planadas e Icononzo (Tolima), Buenos Aires y Caldono (Cauca), Policarpa y Tumaco (Nariño), Puerto Asías (Putumayo), Montañita (Caquetá), Filipinas (Arauca), Macarena,

Mesetas y Vistahermosa (Meta) y El Retorno y San José del Guaviare (Guaviare). Por su parte, los PTN que se concretaron fueron Fonseca (La Guajira), Anorí y Vigía del Fuerte (Antioquia), Riosucio (Chocó), Tierralta (Córdoba), Miranda (Cauca) y, por último, San Vicente (Caquetá).

Mapa 2: Zonas Veredales de
Transición a la Normalidad y Campamentos

Fuente: *El Espectador* (2017)

De lo anterior, cabría precisar al menos dos cuestiones. La primera, que los puntos seleccionados en su totalidad son enclaves de imbricación de diferentes frentes e incluso bloques, de modo que se pone de manifiesto qué lugares del país tuvo lugar la presencia guerrillera de las FARC-EP en los años previos al proceso de paz. Una consideración que evidenciaría el paulatino proceso de *periferialización*, por el que, con independencia de Antioquia, permite observar cómo las principales acciones y la presencia territorial de las FARC-EP se concentró sobre enclaves periféricos, alejados del centro, con condiciones mayormente selvática y/o montañosa, y con una marcada impronta fronteriza y cocalera (Ríos, 2016a, 2016b). De hecho, suroccidente y nororiente, junto con Antioquia condensarían tres cuartas partes de los 26 puntos fijados para la dejación de armas.

Entre los elementos más destacados de las ZVTN y PTN cabría señalar que las FARC-EP eran responsables de sus hombres dentro de las mismas, pudiendo ir armados, aunque, una vez que transitasen por fuera, debieran hacerlo sin portar armas y vestidos de civil. Cuando se concentraron los excombatientes en las zonas y puntos veredales, quedaron en suspenso las órdenes de captura sobre los mismos, lo cual no era óbice para que las FARC-EP facilitasen toda la información de los efectivos que concentrados en estos enclaves. También, una vez que la ley de amnistía se aplicase y, por ende, se materializase la excarcelación, sería que los miembros de las FARC-EP podrían pasar a continuar con el proceso fijado de reincorporación civil.

Es importante señalar que la comunidad internacional, y específicamente Naciones Unidas, asumió un rol de verificación continuo para garantizar el buen funcionamiento de estas ZVTN y PTN, así como en lo que correspondía al transporte, manipulación, control, almacenamiento y depósito de armas para su dejación definitiva. Armas con las que quedó prevista la construcción de monumentos, por definir tripartitamente por el Gobierno, las FARC-EP y Naciones Unidas, a efectos de conmemorar la paz y el fin de la violencia. También, con la firma del Acuerdo quedaba prohibido que hubiese personal civil dentro de estas ZVTN, pues las autoridades civiles debían hacerlo sin portar armas. Un hecho que no eximía la posibilidad de que la fuerza pública pudiera intervenir, en caso de necesidad justificada, y siempre de acuerdo con los protocolos establecidos y previa información al Mecanismo de Monitoreo y Verificación. Ello, porque cada ZVTN disponía para sí de un kilómetro de perímetro de distancia, definido como Zona de Seguridad, donde no podía haber presencia de FFMM. El propósito de todo lo anterior no fue otro que el de garantizar, desde que comenzase la implementación del Acuerdo, la dejación definitiva de armas. Todo, conforme a un sistema secuencial en el que, a los tres meses de la entrada en vigor se debía entregar, por parte de las FARC-EP, el primer 30% del total de sus armas; otro 30% en el cuarto mes y, por último, el 40% restante, en el quinto mes de vigencia del Acuerdo.

La segunda parte de este tercer punto sobre fin de conflicto incorporaba una suerte de acciones y medidas cuya principal finalidad era la reincorporación de la guerrilla a una vida civil coherente con sus intereses, aunque, como podrá observarse, se integran muchos componentes que tienen que ver, sobre todo, con participación política. En relación con esta reincorporación política tras la dejación de armas, las FARC-EP se constituirían como un partido político cuyas garantías de legalización, integración, participación y funcionamiento debían quedar plenamente satisfechas, en igualdad de condiciones con respecto al resto en cuanto a existencia, concurrencia o pérdida. Esto, si bien salvaguardando algunas excepciones por un periodo de diez años como, por ejemplo, el umbral electoral o el número mínimo de afiliados.

En lo que respectaba a la financiación, en el Acuerdo se blindaba plenamente la obtención de financiación pública, en igualdad de concurrencia, hasta las elecciones de 2026, garantizándose un valor del 7% del presupuesto para el funcionamiento de partidos y movimientos políticos, hasta julio de 2022, y con el que se pondría en marcha un centro de pensamiento y formación política. De la misma manera, el Acuerdo previó la preponderancia de mecanismos de financiación estatal para las elecciones de 2018 y 2022, salvaguardando un acceso equitativo a medios y garantizando el referido mecanismo integral de seguridad para el ejercicio de la política.

Un aspecto que destacar, y que generó controversias entre los opositores al Acuerdo, se encontraba en que, con independencia de qué número de votos obtuviesen electoralmente las FARC-EP, se garantizase una representación institucional de mínimos, tanto en Cámara como en Senado. La guerrilla se aseguraba que el partido político al que dieran lugar tuviera al menos cinco congresistas y cinco senadores tras las elecciones de 2018 y 2022 –y que podrían ser más, en caso de que los resultados electorales así lo avalen. Sea como fuere, se trató de una cifra muy reducida, y nada comprometedora si el Acuerdo se comparaba con otros procesos similares de tránsito de grupos armados a formaciones políticas que ofrece la experiencia comparada. Asimismo, a efectos no perder visibilidad política ni representación en la discusión y aprobación del componente normativo que dentro del Legislativo debía acompañar a la implementación del Acuerdo, las FARC-EP dispusieron, transitoriamente y hasta su transformación como partido, de tres representantes en cada cámara.

En lo relativo a la reincorporación social y económica siempre predominó una marcada impronta comunitaria, alzaprimando junto con la desmovilización, la reincorporación colectiva y la promoción de mecanismos de inserción económica y laboral cooperativos y solidarios con marcada impronta rural. El actor clave de todo esto sería la organización de economía social y solidaria, denominada como Economías Sociales del Común – ECOMÚN, encargada de articular buena parte de la implementación del acuerdo respecto de esta cuestión. De igual forma, se constituyó un Consejo Nacional de la Reincorporación (CNR) que, formado por dos miembros del gobierno y dos de las FARC-EP, era responsable de definir las actividades y cronograma, así como hacer seguimiento a la implementación, sirviéndose para ello de Consejos Territoriales de Reincorporación definidos por el mismo CNR. Éste, entre otras atribuciones, estaría encargado de definir la realización de un censo de necesidades socioeconómicas, llevado a cabo por la Universidad Nacional, para facilitar el retorno a la vida civil de los excombatientes. Lo anterior tanto a nivel individual y colectivo, como para la identificación de proyectos y programas sostenibles frente a los cuales, con independencia de que se trate de actividades individuales o colectivos, cada exguerrillero tiene derecho a percibir una renta de ocho millones de pesos (aproximadamente, 2.600 euros del año 2017), articulada con un fondo de proyectos organizado desde ECOMÚN.

Por otro lado, el Acuerdo previó que cada excombatiente de las FARC-EP, durante 24 meses, percibiera un 90% del salario mínimo mensual legal vigente, equivalente a unos 16 millones de pesos (unos 5.200 euros de 2017) y siempre que, como se reconoce expresamente en el artículo 3.2.2.7, no hubiera otro vínculo contractual que generase ingresos. De igual forma, para todos estos recursos dispuso el Acuerdo que fueran complementados por las aportaciones a salud y pensión de parte del gobierno, añadiendo un primer pago de 2 millones de pesos (650 euros de 2017), una vez que el excombatiente pasase por la ZVTN. Conviene señalar que este elemento generó una gran discusión entre la oposición al Acuerdo, por discutirse la pertinencia de que se asumieran desembolsos, en forma de retribución (cuasi) salarial, por parte del Estado. Sin embargo, conviene apuntar que estos no solo son normales en procesos de estas características, sino que, igualmente, fueron negociados en otros procesos como, por ejemplo, la desmovilización paramilitar de 2005, acontecida bajo la presidencia de Álvaro Uribe.

El capítulo sobre fin del conflicto terminaría redundando en la cuestión política, sobre la base de tres elementos que servían de corolario a efectos de consagrar la efectiva participación política de las FARC-EP dentro del escenario de *posviolencia* comprometido. Por un lado, se previó un gran Pacto Político Nacional que, de manera integral, pusiera en marcha todo un desarrollo legislativo de normas jurídicas en aras de garantizar como principios rectores del cambio político, el respeto por los derechos humanos, el fortalecimiento del sistema fiscal y la garantía al efectivo monopolio de la fuerza pública del Estado. Esto, desde el enfoque territorial, diferencial y de género, además de atendiendo la promoción de la participación política y la rendición de cuentas. Por otro lado, se planteó la creación de una Unidad Especial de Investigación para el Desmantelamiento de las Organizaciones Criminales y sus Redes de Apoyo, lo cual se orientaba claramente hacia los grupos herederos del paramilitarismo y que aún hoy son la principal amenaza a la construcción de paz en Colombia en general, y en particular, de la seguridad física de los desmovilizados de las FARC-EP (Ríos, 2022b). De hecho, es por esta razón que, con base en el artículo 3.4.7.4.3 se añadía la creación de un cuerpo de seguridad y protección de naturaleza mixta, y una instancia de alto nivel, interministerial, con la que integrar a los mandos superiores de la fuerza pública y garantizar el efectivo funcionamiento del Sistema Integral de Seguridad para el Ejercicio de la Política.

SOLUCIÓN AL PROBLEMA DE LAS DROGAS ILÍCITAS

El principal asunto en cuanto a la solución de las drogas ilícitas, para el Acuerdo, pasaba por un programa integral de sustitución de cultivos ilícitos. Ello, porque si bien en 2013 la superficie cultivada era de 48.000Ha, en 2014 ascendía a 69.000Ha, en 2015 a 96.000Ha (UNODC, 2016) y, en 2016, terminó por duplicarse, llegando, prácticamente, a las 188.0000Ha.

Efectivamente, la *narcotización* del conflicto colombiano, y tal y como han expresado muchos trabajos como los de Pécaut (2008), Henderson (2010) o Ríos (2016a, 2016c) no puede desligarse de la comprensión del conflicto armado colombiano. De hecho, y como propone Aguilera (2010), a principios de la década pasada, el nivel de ingresos de las FARC-EP provenientes del negocio cocalero ascendía a más de 1.200 millones de dólares anuales, lo cual, según estimaciones como las realizadas por Bejarano y Pizarro (2003) o la Junta de Inteligencia Conjunta (2005), ya citados con anterioridad, llegó suponer, aproximadamente, la mitad, si no más, del total de ingresos de la guerrilla de las FARC-EP.

Lo anterior, además de explicar la dependencia guerrillera respecto del cultivo ilícito, trae consigo el debate sobre la ineficacia de las políticas de aspersión con glifosato que predominaron, sin éxito, durante buena parte de la década pasada. Y aun cuando el uso de este tipo de fungicida resulta tóxico para la salud, los cultivos lícitos y el medio ambiente, siendo Colombia el único país del mundo en utilizarlo, tras más de un millón de hectáreas asperjadas, no se han apreciado efectos destacables en la reducción de la superficie objeto de cultivo. Todo lo contrario, lo que tuvo lugar fue una reubicación estratégica de los cultivos, además de una intensificación de los mismos en enclaves nucleares de la producción cocalera, como los departamentos de Nariño, Putumayo, Cauca, Caquetá o Norte de Santander.

A tenor de lo expuesto, se hace imprescindible entender que la sustitución de tales cultivos debe ser un imperativo en Colombia, si bien, se necesita de estímulos y mecanismos que desincentiven tanto la demanda como la misma producción cocalera. Algo que, hasta el momento, sigue siendo el punto más débil en el intento irresoluto de Colombia por mitigar el impacto de su producción cocalera y su integración en las cadenas de procesamiento del narcotráfico. Es más, este punto puede ser de suma importancia en cuanto a comprender una posible intensificación de la violencia directa producida por los grupos armados al margen de las FARC-EP. Esto, habida cuenta de que, sin el control de estos enclaves cocaleros y sus rutas, lo más posible es pensar en un recrudecimiento de la violencia armada por la disputa que el ELN y los grupos herederos del paramilitarismo sigan protagonizando su intento por controlar este tipo de escenarios de alto valor agregado.

Un punto de partida inicial destacable sería el reconocimiento de las FARC-EP de que el negocio de la droga es un factor inexorable para entender la financiación, longevidad e intensidad del conflicto armado A tal efecto, podría señalarse que el Acuerdo de Paz integra una serie de principios transversales entre los que pudieran destacarse dos por encima del resto. Primero, es interesante que la mitigación del impacto de la superficie cocalera se integre dentro del programa de reforma rural integral, de manera que de lo que se trata es de integrar en la promoción de cultivos alternativos a todos aquellos cultivadores que hacían parte de la cadena de valor que supone la coca en la generación de recursos para la resiliencia del conflicto armado. Segundo, se plantea expresamente en el Acuerdo que, ante todo, debe salvaguardarse el principio de sustitución voluntaria, sostenible, participativa, diferencial y adecuada a las necesidades y demandas de las comunidades rurales locales. No obstante, esto no es óbice para que, llegado el caso, y de no haber transformación a tal efecto, el Estado pueda plantear mecanismos de erradicación forzada.

De este modo, en tanto que se integra a las comunidades cocaleras a la reforma rural, en inicio, el Acuerdo prevé que se extiendan no solo los mismos puntos de asesoramiento jurídico y técnico que se encuentran en el punto primero, sino que, igualmente el resto de los aspectos tales como la formalización de la propiedad, la adecuación de tierras, los estímulos a la economía solidaria o la provisión de bienes y servicios públicos. Todo, a efectos de incentivar el abandono de los cultivos cocaleros.

Queda señalar cómo el Acuerdo enfatizó la necesidad de incrementar las medidas de presión sobre la producción y comercialización de narcóticos, con el propósito de articular respuestas más efectivas en cuanto a problemas como el lavado de activos y el crimen organizado. A tal efecto, destacándose el compromiso por fortalecer la judicialización efectiva de los responsables de este tipo de delitos y problematizar este aspecto regionalmente. Ello, con la intención de visibilizar una naturaleza trasnacional del problema que demanda inexorablemente políticas consensuadas en la región, a partir de varios espacios multilaterales como la OEA, la CELAC y la UNASUR.

ACUERDO SOBRE LAS VÍCTIMAS DEL CONFLICTO

El último punto del Acuerdo firmado entre las FARC-EP y el gobierno colombiano es el que tiene que ver con la atención a víctimas y el sistema de justicia transicional. Este elemento, junto con el de participación política, es el que se entiende como más importante a efectos de garantizar un efectivo proceso de dejación de armas y de reincorporación a la vida civil, a la vez que se trata de uno de los puntos más problemáticos y que más oposición encontró entre los enemigos del proceso.

Sin embargo, a efectos de comprender mejor lo negociado entre Ejecutivo y guerrilla, se puede destacar cómo, desde que en 1998 se constituyera la Corte Penal Internacional (CPI), del más de medio centenar de grupos armados desmovilizados en el marco de conflictos internos, ninguno de ellos, en sentido estricto, pasó por la cárcel ni recibió mecanismos de jurisdicción penal ordinaria. Esto, respetando las excepciones a la lesa humanidad que, en cualquier caso, y en ello Colombia no será excepción, están inmersas en el alcance y aplicabilidad del Estatuto de Roma de 1998.

El Acuerdo de Paz integra diez principios rectores que van a quedar reflejados transversalmente en todo el desarrollo del punto de negociación: 1) reconocimiento de las víctimas; 2) reconocimiento de la responsabilidad; 3) satisfacción de los derechos de las víctimas;

4) participación de las víctimas; 5) esclarecimiento de la verdad; 6) reparación a las víctimas; 7) garantías de protección y seguridad; 8) garantías de no repetición; 9) principio de reconciliación; y, finalmente, 10) enfoque de derechos.

El componente central desde el que busca satisfacer todo lo anterior es lo que se denominó como Sistema Integral de Verdad, Justicia, Reparación y No Repetición, y que se desarrolla con base en tres pilares fundamentales: la creación de una Comisión para el Esclarecimiento de la Verdad, la Convivencia y la No Repetición; la conformación de una Unidad Especial para la Búsqueda de Personas Dadas por Desaparecidas en el Contexto y en Razón del Conflicto; y una Jurisdicción Especial para la Paz, a su vez, sustantivada por un conjunto de medidas específicas para la reparación.

En cuanto a la Comisión de la Verdad, esta hace parte del sistema de reparación de víctimas sobre la base de tres objetivos fundamentales que son: contribuir al esclarecimiento de lo ocurrido; promover el reconocimiento de las responsabilidades en el marco del conflicto armado y, finalmente favorecer la convivencia, la reconciliación y la cultura de paz en términos de inclusión y tolerancia democrática. Esta Comisión de la Verdad, como sucediera en otras lecciones exitosas que arroja el continente, como especialmente sucede con el caso peruano o guatemalteco, debe centrarse en garantizar la participación de las víctimas, actuando de manera transitoria e imparcial, salvaguardando los principios rectores de enfoque diferencial ya mencionados, y promoviendo la reconciliación. Ello, como señala Galtung (1990, 1998), se trata de la medida que asegura la reparación simbólica de las víctimas y que, en un proceso de normalización de la *posviolencia*, es la piedra angular para el perdón y la recomposición del tejido social afectado por el conflicto armado.

La Comisión de la Verdad, por ende, debe encargarse de esclarecer y promover el reconocimiento de prácticas que hayan constituido violaciones flagrantes a los DDHH y el DIH, tanto por responsabilidad del Estado y de las FARC-EP, como de cualquier otro grupo vinculado al conflicto. Además, tiene que visibilizar otras causas y consecuencias del conflicto, como el desplazamiento forzado, las dinámicas estructurales de origen y evolución del conflicto, el fenómeno paramilitar en su máxima expresión o la afectación no solo a la esfera político-democrática sino, igualmente, a la individual-familiar de las víctimas de la violencia.

Evidentemente, esta Comisión se presume como uno de los elementos más problemáticos en la interpretación del desarrollo de los hechos, si bien, el objetivo de las FARC-EP pasa por difuminar la equívoca dicotomía víctima/victimario, e involucrar, como amerita, tanto al Estado y al paramilitarismo. Esto como protagonistas no solo del origen del conflicto sino, muy especialmente, de los elementos que coadyuvaron y contribuyeron a la particular manera en la que tuvo lugar.

Metodológicamente, este tipo de comisiones han funcionado en los últimos años con audiencias públicas a nivel nacional y territorial, con enfoques temáticos e institucionales en los que, de manera individual y colectiva, se recogen voces que invitan, con ello, a la reflexión colectiva. Asimismo, se han impulsado espacios de reconocimiento de la responsabilidad, explicaciones de lo sucedido, y ejercicios de perdón y reconciliación para, finalmente, concluir con un informe final que se presenta de manera pública al conjunto de la sociedad afectada por el conflicto –y que ha visto la luz en 2022–. Su funcionamiento, financiado completamente por el gobierno, quedó organizado en el Acuerdo, según el artículo 5.1.1.1.5, con base en 11 comisionados y comisionadas que escogidos por la misma instancia que debe decidir los magistrados que harán parte de la justicia transicional. De estos, pudiendo ser hasta tres de ellos extranjeros, y teniendo hasta tres años para concluir un informe que, finalmente, necesitó de otros casi tres adicionales, viendo la luz el 28 de junio de 2022.

Por otro lado, la Unidad para la Búsqueda de Personas dadas por Desaparecidas en el contexto y razón del conflicto tiene como cometido obtener toda la información posible para construir el universo de personas dadas por desaparecidas para adelantar los procesos de búsqueda, identificación, localización y entrega digna de los restos a sus familiares. Esto obliga, además, a que su actuación sea coordinada con la Comisión de la Verdad y con las familias de las víctimas. También, el Acuerdo de Paz prevé que sus informes periódicos sean cada seis meses y sus actividades, con independencia de lo anterior, sirvan para realizar e implementar un registro de fosas, cementerios ilegales y sepulturas, siendo su conformación realizada con base en las postulaciones que hagan el Comité Internacional de la Cruz Roja y la Comisión Internacional sobre Personas Desaparecidas.

Por último, quedaría la Jurisdicción Especial para la Paz (JEP), la cual se trata del pilar de la justicia transicional del conflicto armado colombiano, y cuya vigencia está prevista, una vez se encuentre plenamente conformada para el estudio de las acusaciones que provengan bien por la Unidad de Investigación y Acusación, bien de oficio, por un periodo de diez años, a los que se suman cinco más para concluir sus labores jurisdiccionales. Entre los aspectos más significativos cabe destacar que su acogimiento exige los deberes de aportación de verdad plena, reparación a la víctima y garantía de no repetición, los cuales se amparan, a su vez, sobre el compromiso de otorgar la amnistía más amplia posible de parte del Estado. Lo anterior, a tenor de que, constitucionalmente, tales amnistías e indultos son posibles cuando deriven de un delito de rebelión o delitos conexos, y siempre que no se vulnere lo recogido en el Estatuto de Roma. La amnistía no es óbice de la contribución a la verdad y su acogimiento tiene como imperativo la participación de los excombatientes de las FARC-EP en este proceso. Es importante señalar que el narcotráfico quedó integrado como delito conexo individual y, por tanto, exonerado de la jurisdicción ordinaria. Ésta fue una circunstancia fuertemente criticada por la oposición, aunque coherente si se entiende que la longevidad del conflicto armado en Colombia va ligada a la financiación que las FARC-EP obtuvieron del negocio de la droga.

Todo el sistema de justicia transicional quedó organizado, fundamentalmente, en torno a cinco elementos: una Sala de Reconocimiento de Verdad, Responsabilidad y Determinación de los Hechos y Conductas; un Tribunal para la Paz, que es el organismo central de este tipo de justicia; una Sala de Amnistía o Indulto; una Sala de Definición de Situaciones Jurídicas para los casos diferentes a los literales anteriores o supuestos no previstos y, por último, una Unidad de Investigación y Acusación, encargada de satisfacer el derecho de las víctimas a la justicia cuando no haya reconocimiento colectivo o individual de responsabilidad.

En relación con lo planteado, un elemento controvertido pasa por que, efectivamente, no se estableciesen condiciones de impunidad para los delitos más graves. Delitos que se encuentran garantizados, literalmente en el Acuerdo, por penas privativas de libertad de 5 a 8 años, bajo la exigencia imperativa de participación del acusado en verdad, reparación y no repetición pues, de no darse satisfactoriamente, el tiempo de la condena se extiende a penas de entre 15 y 20 años.

Quizá un aspecto criticable es la poca presencia de comunidad internacional reducida significativamente con respecto al primer acuerdo. Por ejemplo, el Tribunal para la Paz quedó netamente conformado por magistrados colombianos, con un número mínimo de 20, a los que se han de suma cuatro juristas extranjeros en calidad de *amicus curiae*. Igualmente, la Sala de Justicia de la Jurisdicción Especial para la Paz quedó compuesta por 18 magistrados a los que se añaden seis *amicus curiae* extranjeros, de modo que la Unidad de Investigación y Acusación de la Jurisdicción Especial para la Paz quedaría integrada por un mínimo de 16 fiscales, todos de nacionalidad colombiana.

Quizá, la mayor salvedad con respecto al primer Acuerdo de Paz que fue rechazado en referéndum el 2 de octubre de 2016[2] es que si bien en el primer caso, las sentencias de esta jurisdicción eran firmes y tenían efecto de cosa juzgada y cerraban, *per se*, jurisdiccionalmente el conflicto, en el Acuerdo definitivo se aprecia una sustancial modificación. Ello en la medida en que permite, por ejercicio del derecho de tutela, recurrir sentencias de la JEP frente a la Corte Constitucional. Una circunstancia que representaría en sí una amenaza frente a una eventual politización de la justicia colombiana y la natural excepcionalidad que se atribuye a los modelos de justicia transicional.

[2] El plebiscito fue idea de Juan Manuel Santos, pues las FARC-EP siempre fueron renuentes a la celebración de dicha consulta. Ésta careció en instrumentos pedagógicos y coincidió con unos niveles de escasa popularidad del presidente. Además, se dio en un clima de altísima polaridad y crispación social y política, y bajo un contexto que hacía ver, de manera errada, que la victoria del voto favorable era un hecho consumado. El resultado fue de 6.377.464 a favor, y 6.431.372 votos en contra.

IMPLEMENTACIÓN, VERIFICACIÓN Y REFRENDACIÓN

El Acuerdo de Paz establece que el Gobierno Nacional debe ser el principal responsable de su correcta implementación, lo cual convierte al mismo en una suerte de hoja de ruta desde la cual se deben dirigir políticas públicas que transformen estructural e institucionalmente el país. Conjuntamente, gobierno y guerrilla han de trabajar de la mano en la Comisión de Implementación, Seguimiento y Verificación, con el propósito de verificar el cumplimiento de los compromisos acordados, aunque, en la segunda edición del mismo, se añadió la salvedad de que las FARC-EP asuman un ejercicio de declaración de sus bienes activos para que estos puedan ser utilizados en la reparación de las víctimas. Algo que, no obstante, hay que precisar muy bien para que no se desdibuje en una especie de lavado de activos al servicio de la paz, pues ese dinero habrá que monetizarlo e incluirlo al presupuesto público bajo un proceso tan transparente como legítimo y legal

También, se establece un Mecanismo de Verificación compuesto por representación internacional, donde cada uno de los países garantes y acompañantes –Cuba, Noruega, Venezuela y Chile– dispuso de un representante, y que actuaría con base en un componente técnico que, expresamente, recayó sobre el Instituto Kroc de la Universidad de Notre Dame; encargado de constituir una metodología que *operacionalizase* en indicadores el Acuerdo de Paz y así hacer seguimiento al nivel de cumplimiento. Un nivel, en cualquier caso, estrictamente cuantitativo y que puede (y debe) ser objeto de posibles mejoras a nivel cualitativo. Finalmente, se previó que se solicitase a Naciones Unidas una misión política, especialmente activa en estos años, con la que constatar la reincorporación a la vida civil de la guerrilla y la garantía a la efectiva puesta en marcha de las medidas de protección y seguridad personal y colectiva.

EL ACUERDO DE PAZ CON LAS FARC-EP: LA PAZ TERRITORIAL A DEBATE

En relación con este Acuerdo, por tanto, el elemento central de la construcción de paz pareciera que gravita en torno al territorio (Cairo *et al.*, 2018). Es así como la paz territorial termina siendo el principal apelativo al acuerdo suscrito entre el gobierno de Juan Manuel Santos y la guerrilla de las FARC-EP, de manera que su primera apelación es por cuenta de quien fuera Alto Comisionado para la Paz, Sergio Jaramillo. Este, en 2014, en una conferencia en la Universidad de Havard se refería a la paz territorial en estos términos:

> [E]l conflicto ha afectado más a unos territorios que a otros. Y porque ese cambio no se va a lograr si no se articulan los esfuerzos y se moviliza a la población en esos territorios alrededor de la paz. [...] Eso es lo que llamo la paz territorial (2014, 1).

Tal y como se podía observar en el epígrafe anterior, los cinco puntos centrales del Acuerdo –a excepción del sexto– incorporan un eminente enfoque territorial en favor de priorizar la transformación de la violencia en aquella geografía que, tradicionalmente y durante las últimas décadas, fue más golpeada por el conflicto armado. La reforma rural integral, prácticamente, en todo su articulado, pero también la participación política y el fortalecimiento de la democracia local, sumado a la reincorporación, principalmente colectiva, de los excombatientes fue concebida en términos territoriales. Otros elementos como la imbricación del punto 4, relativo a la intervención y transformación de las economías ilícitas a partir de políticas e incentivos para la mitigación de cultivos o, incluso, varios aspectos relativos al componente de víctimas –como los diálogos territoriales de la Comisión de la Verdad o el funcionamiento de algunas instancias de la JEP– fueron definidos desde una perspectiva territorial con igualmente limitaciones, ausencias y claros desafíos en su desarrollo teórico y práctico (Bautista, 2017; Eaton, 2021).

Así, para el gobierno de Juan Manuel Santos –y en todo el arco partidista de lo que mayormente se podría definir como conservatismo liberal en favor del Acuerdo–, la paz territorial es una suerte de proyecto descentralizador[3] que supone una deuda histórica del

[3] Así lo reconoció, al ser entrevistado para este trabajo, Humberto de la Calle (Entrevista personal, Bogotá, 27/2/2017).

Estado con una periferia territorial, mayormente olvidada por la institucionalidad (Cairo y Ríos, 2019), tal y como reconoce Sergio Jaramillo al ser entrevistado:

> Lo único que va a lograr [una paz duradera y estable] es un encauzamiento institucional de los conflictos y una mínima capacidad institucional a la gente que ha vivido en esas zonas de periferia y conflicto. De ahí nace, en mi reflexión, la idea de paz territorial. (Sergio Jaramillo, entrevista, Alto Comisionado para la Paz (2012-2017). Bogotá, febrero de 2017).

En otras palabras, paz territorial equivale a una consolidación de mínimos en la base territorial del Estado, lo cual se integra en la concepción galtuniana de la paz positiva (Galtung, 1969). Esto es, promover reformas estructurales, mayormente de naturaleza agraria que, coadyuvadas por incentivos de inversión, infraestructura y reconocimiento, permitan remover o afectar sobre las condiciones estructurales, y culturales, que soportan la violencia. Indudablemente, lo que se encontraba más a la izquierda del partido de gobierno no podía quedar por fuera de esta asunción de mínimos. Al respecto, fue significativo el apoyo a Juan Manuel Santos de la entonces candidata presencial por el Polo Democrático, Clara López, en la segunda vuelta de las elecciones presidenciales de 2014 – en primera vuelta vence el candidato uribista Óscar Iván Zuluaga. Un apoyo que implicaba un respaldo a la política de paz gubernamental, con independencia de las discrepancias sobre la necesidad de profundizar en las transformaciones del modelo económico o del sistema político, frente a lo cual el Acuerdo de Paz se quedaba corto. Así lo reconoce Clara López cuando asegura que la paz territorial

> era insuficiente para reformar mucho de los elementos del modelo neoliberal y corrupto que consagraba la Constitución de 1991. Por eso y por entra al gobierno de Santos me atacaron muchísimo, pero la izquierda necesitaba poner su prestigio y conocimiento en la construcción y cumplimiento del Acuerdo de Paz. (Clara López,

entrevista, excandidata presidencial y ministra de Trabajo (2016-2017). Bogotá, octubre de 2021).

En términos similares estaría la posición de las FFMM, que al menos en varios cargos de máxima responsabilidad, hizo patente una posición en armonía con la paz territorial, aunque mayormente ligada, como es de esperar, a la dimensión de la seguridad. La paz territorial se entiende como la antítesis de la mirada reducida del Estado a una cuestión de poder. Es decir, por medio de las posibilidades del Acuerdo, y tras la desmovilización de la guerrilla, la paz territorial es entendida como una forma de ocupar un vacío tradicional del Estado. Una suerte de desatención histórica en términos de control del territorio y garantía de la seguridad, pero que también ofrece la oportunidad para revisar las relaciones de seguridad/defensa y, por extensión, de la Policía Nacional con el resto de FFMM[4]. De ello da cuenta el Mayor General Rojas cuando es entrevistado:

> [Paz territorial es] dar instrucciones para que las Fuerzas Armadas ocupen los territorios de donde las FARC han salido a concentrarse, para evitar que en esos territorios lleguen nuevos actores generadores de violencia. Es un esfuerzo donde todas las instituciones entran a formar parte de ese impulso para lograr la paz territorial (Carlos Rojas, entrevista, Mayor General del Ejército de Colombia. Bogotá, 1 de marzo de 2017).

Las dos asunciones más extremas y discordantes sobre la concepción territorial que representa el Acuerdo de Paz reposan en las extintas FARC-EP y en el conservatismo más radical. En el caso de la extinta guerrilla, la noción de paz territorial, de partida, asumía una heterogeneidad territorial coherente con la estructuración político-militar de las FARC-EP que, como apunta 'Iván Márquez', "desde hace décadas dividió su trabajo en regiones y territorio" ('Iván Márquez', comandante del Bloque Caribe y miembro del Secretariado de las

[4] Así lo verbalizó el entonces subdirector de la Policía Nacional de Colombia, Ricardo Restrepo (Ricardo Restrepo, entrevista, Mayor General y Subdirector de la Policía Nacional de Colombia. Bogotá, marzo de 2017).

FARC-EP. entrevista, Bogotá, marzo de 2017). En cierta medida, era de esperar que con un enfoque transversal étnico y territorial, y una marcada apuesta por la promoción de atenciones ambientales, la paz territorial pudiera disponer de las bases de una paz que atendiese y transformase la violencia étnica, territorial y ambiental. Tanto es así que, al menos en lo que a la enunciación se trata, 'Jesús Santrich' se refería a la paz territorial como un término próximo a la noción del buen vivir propio de las cosmovisiones indígenas:

> La paz no es la firma de ese tratado que hicimos en el Teatro Colón. Si no se dan estas transformaciones y si del solo silenciamiento de las armas y no se pasa al concepto de "Sumak kawsay" y de «buen vivir», entonces la paz no se conquista. ('Jesús Santrich', entrevista, comandante del Bloque Caribe de las FARC-EP. Bogotá, marzo de 2017).

Por último, entre los valedores de una paz minimalista se encontraba el ala más radical del Partido Conservador, como Marta Lucía Ramírez o Alejandro Ordóñez –a diferencia de otros conservadores como Juan Camilo Restrepo o Mauricio Cárdenas–, y el uribismo. Estos entendían que la paz territorial contraviene, por el elenco de concesiones que representa, el sentido integral del Estado. Un Estado concebido de mínimos, como forma de organizar políticamente el territorio desde el (intento) de hacer cumplir íntegramente con su ordenamiento jurídico y el imperativo institucional del Estado de Derecho. Así, la paz territorial no es más que "la entrega de la institucionalidad a las FARC-EP" (Alejandro Ordóñez, entrevista, Procurador General de la Nación (2009-2016). Bogotá, marzo de 2017) que, como apunta la exvicepresidenta, Marta Lucía Ramírez:

> [R]epresenta una cantidad de compromisos incuantificables e ilimitados que el Estado no va a poder cumplir y que abrirá la puerta a la protesta social. Algo peligroso (...) porque un país en estado de protesta permanente es la anarquía social. Y un país en anarquía deja de ser viable y acaba de ingobernabilidad. (Marta

Lucía Ramírez, entrevista, ministra de Defensa (2022-2003) y vicepresidenta de Colombia (2018-2022). Bogotá 28 de febrero de 2017).

OTROS ASPECTOS ADICIONALES DURANTE LA PRESIDENCIA DE JUAN MANUEL SANTOS: LAS DIFICULTADES DE NEGOCIAR CON EL ELN

Podría decirse que las transformaciones producidas bajo la presidencia de Juan Manuel Santos, además de favorecer una negociación de paz con la guerrilla de las FARC-EP, por otro lado, también afectaron a lo que sucedía con el ELN. Esta opción de impulsar un diálogo tuvo que esperar algún tiempo más, y tras tres años de conversaciones exploratorias, el 30 de marzo de 2016, desde Caracas, se anunciaba el inicio formal de un proceso de paz.

Se podía observar en el gobierno un cierto intento de extrapolar algunas de las buenas prácticas que había supuesto la experiencia con las FARC-EP. Se negociaba fuera de Colombia, en este caso en Quito, y se mantenía una estructura similar de países acompañantes y garantes internacionales como Cuba, Venezuela, Ecuador, Brasil, Noruega y Chile. Igualmente, la agenda quedaba reducida a seis cuestiones: 1) participación de la sociedad, 2) democracia para la paz, 3) víctimas, 4) transformaciones para la paz, 5) seguridad y paz para la dejación de armas y, finalmente, 6) garantías para el ejercicio de la acción política.

Empero, el proceso, aunque formalmente invitaba a ser una versión paralela del que estaba finalizando con las FARC-EP, en realidad sería bien distinto. En primer lugar, porque los elementos más importantes del Acuerdo se habían adelantado mientras Juan Manuel Santos disponía de notables índices de popularidad, especialmente, tras su reelección presidencial en 2014. El consenso político más o menos se había mantenido cohesionado si bien, la consulta plebiscitaria de octubre de 2016 alimentaba un escenario de altísima polarización sobre los contenidos del Acuerdo, que finalmente se traduce en que la negativa al mismo se imponga con un escaso margen de ventaja. Algo nada favorable para una agenda como la propuesta con el ELN en donde se involucraba directamente a la participación de la sociedad civil en varios de sus puntos.

Con las FARC-EP hubo momentos de crisis durante el proceso de diálogo, tal y como sucedió con el polémico secuestro del general Rubén Darío Alzate, en noviembre de 2014, o con los enfrentamientos sucedidos entre abril y mayo de 2015, cuando las FARC-EP asesinaron a 11 soldados en Buenos Aires (Cauca) y días después, el Ejército desplegó un operativo que causó la muerte de 26 guerrilleros en las proximidades de Guapi (Cauca). No obstante, el *desescalamiento* fue una constante, de manera que, como se señalaba con anterioridad, si en 2012 se habían contabilizado 824 acciones armadas de las FARC-EP, éstas habían decaído a 94 en 2015 (ODHDIH, s.f.)[5].

Con la agenda prácticamente cerrada, el gobierno de Juan Manuel Santos enfatizó en la necesidad, como precondición, de que la guerrilla liberase a todos los secuestrados, cesando el desarrollo de acciones armadas. Quizá, de alguna manera, interpretaba que el *timing* de la agenda jugaba a su favor, pues el mandato de Santos finalizaba en 2018, y el Acuerdo de Paz con las FARC-EP estaba a punto de ultimarse. Todo lo contrario, el ELN reclamaba un espacio particular de negociación, reivindicando sus recelos a ser tratado como el "hermano pequeño de las FARC-EP" (Ríos, 2021b). Además, esta circunstancia generaba mayores tensiones, fruto de la dificultad que tenían las estructuras de mando, como el Comando Central o la Dirección Nacional, para mantener una posición unánime frente a la negociación –como sí había sucedido con las FARC-EP. Las dos estructuras militar y económicamente más poderosas del ELN, el Frente de Guerra Occidental, comandado por 'Fabián' y activo en Chocó, y el Frente de Guerra Oriental, dirigido por 'Pablito', con fuerte arraigo en Arauca, nunca mostraron una posición firme en favor del diálogo.

Aun con todo lo anterior, y no sin dificultades, el proceso de negociación comenzaría finalmente en febrero de 2017 y mantuvo tres ciclos de negociaciones que se desarrollaron entre febrero y

[5] A estos eventos de violencia se referirá Rodrigo Londoño, 'Timochenko', en varios momentos de la entrevista.

septiembre. Mientras, el escenario de confrontación fuera de la mesa de diálogo se intensificaba exponencialmente, especialmente, desde septiembre de 2017, cuando se registraron numerosas acciones armadas en Chocó y en Arauca (CERAC, 2017). En paralelo, las conversaciones no terminaban de prosperar sobre una hoja de ruta claramente definida, y por ello, a los pocos días de que concluir el cuarto ciclo de conversaciones, en diciembre de 2017, terminarían dimitiendo el jefe del equipo negociador, Juan Camilo Restrepo y el general (r) Eduardo Herrera.

Por otro lado, a medida que sucedía el proceso de desmovilización de las FARC-EP, a lo largo de 2017, tuvo lugar un reacomodo territorial del ELN, el cual fue ocupando algunos escenarios de la geografía de la violencia, aprovechando el vacío de poder que suponía la entrega de armas de las FARC-EP. Así sucedió, en Arauca, Norte de Santander, parte de Antioquia y en el sur de Bolívar. También, en ciertos escenarios de la región Caribe y muy especialmente en Cauca y Nariño (Fundación Ideas para la Paz, 2020). En conclusión, tuvo lugar una redefinición de la presencia territorial del ELN, que respondía a una orientación clara: cooptar espacios cocaleros, enclaves con presencia de minería aurífera ilegal y controlar la frontera con Venezuela. Una cuestión, esta última, que además de ofrecer importantes réditos económicos provenientes del contrabando y del flujo migratorio, permitía disponer de un corredor geográfico de salvaguarda frente a las hostilidades de las FFMM de Colombia (Nussio, 2020).

Los acontecimientos acaecidos el mes de enero de 2018 sepultaron el proceso de diálogo. Tras el cese al fuego acontecido desde inicios de septiembre, se registró una segunda intensificación de la violencia guerrillera. solo ese mes se contabilizaron numerosas acciones en Arauca, Norte de Santander, Nariño o Antioquia. El detonante fue la realización de tres atentados, a finales de mes, en Barranquilla y Soledad (Atlántico) y en Santa Rosa del Sur (Bolívar), que dejaron consigo un total de ocho policías muertos y más de 40 heridos (CERAC, 2018). Juan Manuel Santos suspendió entonces los diálogos de paz y el ELN respondió con un paro armado, entre el 10 y el 13 de febrero, bajo el que se contabilizaron hasta 16 acciones guerrilleras en Antioquia, Cesar, Nariño, Norte de Santander, Arauca y Cauca. Departamentos en donde la desmovilización de las FARC-EP dejaba una ventana de oportunidad política y militar para los intereses del ELN, (CERAC, 2018).

Desde entonces, el proceso de diálogo tuvo difícil reconducción pues, aunque se retomaron los intentos de diálogo a mediados de marzo, la violencia se intensificó por parte de una guerrilla que disputaba la hegemonía local, no solamente al Estado, sino también a grupos criminales como el Clan del Golfo o Los Pelusos (Indepaz, 2018). De hecho, Quito renunció a su condición de sede de la negociación en abril de 2018, cuando una disidencia de las FARC-EP asesinaba en Nariño a tres periodistas ecuatorianos de El Comercio. A partir de ese momento Lenin Moreno puso como condición imperativa que el ELN pusiera fin a sus acciones armadas.

Desde abril las acciones guerrilleras, todo lo contrario, fueron incrementándose y resultó absolutamente imposible recuperar el proceso de paz, de modo que cuando Iván Duque llega a la presidencia, una de sus primeras decisiones, el mismo mes de agosto de 2018, fue la de paralizar el diálogo con la guerrilla. A cambio, exigió la liberación de todos los secuestrados como *condictio sine qua non* para retomar las conversaciones. Lejos de suceder algo parecido, se produciría un nuevo escalamiento en las acciones del ELN, exhibiendo una capacidad operativa muy superior a la de cuatro años antes. Su triste corolario sería el atentado producido el 17 de enero de 2019 contra una escuela de cadetes de la Policía Nacional, al sur de Bogotá. Una acción violenta que dejaría 23 muertos y 90 heridos y conduciría, un día después, a la suspensión definitiva del proceso de paz.

LA REALIDAD DE UNA PAZ LIMITADA LASTRADA POR UN CONTEXTO DE VIOLENCIA IRRESOLUTA

El gobierno de Juan Manuel Santos, más allá del proceso de paz e implementación del Acuerdo con las FARC-EP y los intentos de adelantar un diálogo del ELN, tuvo que afrontar muchos elementos de violencia armada e inseguridad provenientes de diferentes frentes.

Aparte de la proliferación de algunas disidencias y grupos locales que reivindican las siglas FARC-EP en su accionar armado, y que se verán en el siguiente capítulo, y además de un reacomodo territorial y de capacidades armadas del ELN, durante su gobierno dispondrá de especial notoriedad el principal actor post-paramilitar, el Clan del Golfo, y otros de menor envergadura, como Los Pelusos.

Por mencionar estos dos, entre una pluralidad de siglas mucho mayor, debe apuntarse de qué modo, en realidad, el problema de los grupos post-paramilitares comienza en 2008, cuando se inicia el proceso de rearme de estructuras, promovidas en muchas ocasiones por mandos medios y algunos comandantes de extintos bloques de las AUC. Desde hace años, producto de la mayor confrontación con las guerrillas, y también por el impacto de la fuerza pública, su capacidad operativa y su presencia territorial ha ido decreciendo muy lentamente.

Pareciera que si bien en 2011 el post-paramilitarismo llega a su cénit en Colombia, cuando afecta a más de cuatrocientos municipios del país, desde entonces experimenta un proceso de anclaje territorial, principalmente, sobre la Región Caribe, Antioquia y el Magdalena Medio, y el litoral Pacífico. Aunque el Ministerio de Defensa (2017) en 2011 contabilizaba siete estructuras que integraban a algo más de 4.100 efectivos, en la actualidad este número se desagrega en una veintena de estructuras con una importante capacidad de reclutamiento y resiliencia. De todas ellas, la más importante son las Autodefensas Gaitanistas de Colombia (AGC), con una cifra que supera los 3.500 integrantes, según las fuentes. Denominado como Clan del Golfo por el gobierno, este actor criminal llega incluso a mantener nexos de colaboración con el cártel de Sinaloa y ha sido objeto de importantes operativos, como la operación Agamenón I y II, que acabó con algunos de sus líderes más importantes (García Perilla y Herrera, 2020).

El resultado es que entre 2017 y 2023 sufrió un proceso de atomización del fenómeno que ha terminado por alimentar facciones, fracturas y confrontaciones por el control de las rutas de cultivo, procesamiento y distribución de la coca, algo favorecido por el abandono de las FARC-EP de buena parte de estos territorios,

Mapa 3. Presencia territorial del ELN comparando los periodos 2011-2014 y 2015-2018

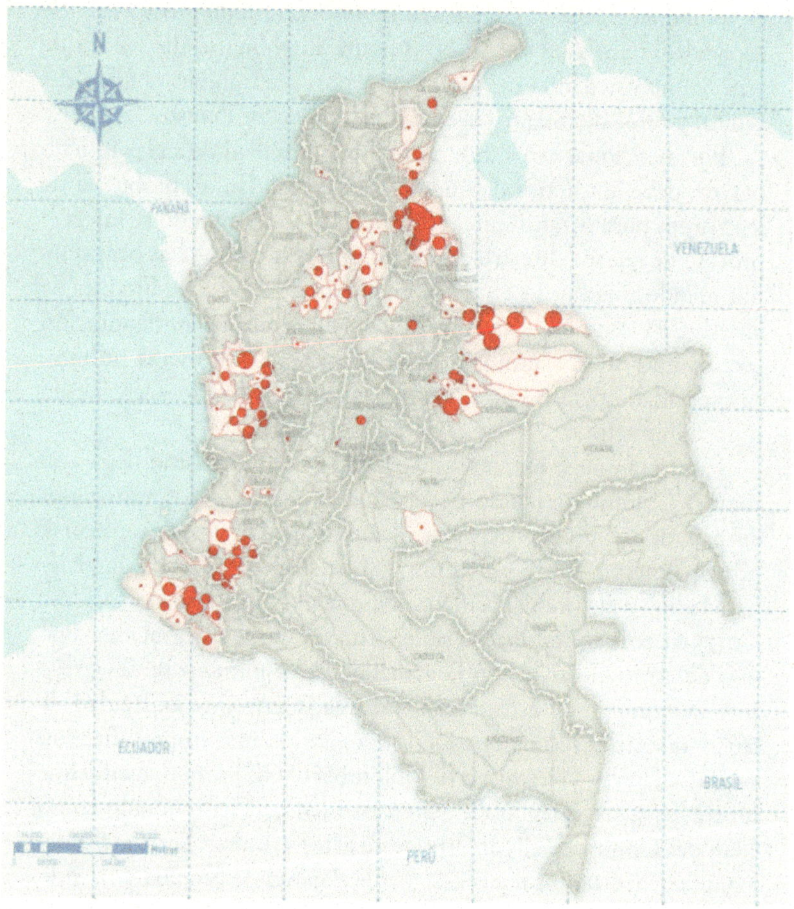

lo que se evidencia en enfrentamientos producidos, por ejemplo, con Los Pachenca en los enclaves portuarios de Barranquilla y Cartagena. En el Bajo Cauca y el norte de Antioquia se disputan el control cocalero con Los Caparrapos y también con el ELN, en este caso por su interés sobre los proyectos minero-energéticos de la región (Fundación Ideas para la Paz, 2019). Quedaría apuntar un proceso de expansión muy significativo en los Llanos Orientales, y

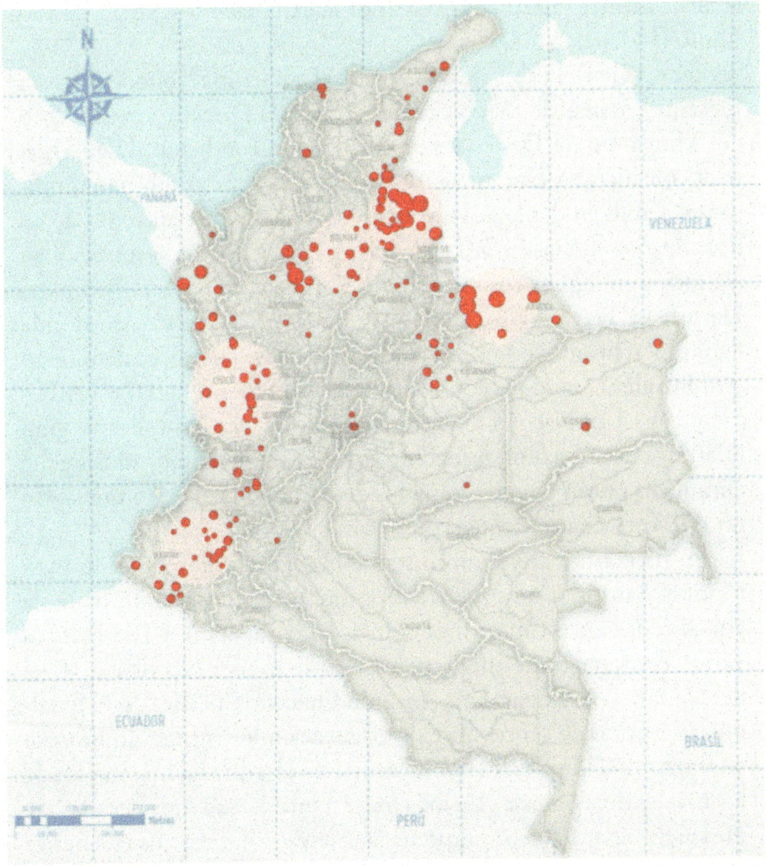

Fuente: Ideas para la Paz (2020: 12-15).

en particular en los departamentos de Meta, Guaviare, Casanare y Vichada, en donde mayormente actuaba el Bloque Oriental de las FARC-EP (Gómez Triana y Ríos, 2022). Lo mismo acontece con vistas al Pacífico, primero en torno a Nariño, clave para el otrora Frente 29 de las FARC-EP, y después en Chocó, en donde en todo 2018 y 2019 ha habido importantes enfrentamientos con el ELN por la explotación de madera y tráfico de drogas, algo que nuevamente responde a oportunismos coyunturales, como bien muestra la alianza entre guerrilla y AGC por la explotación aurífera de Río Quito (Indepaz, 2018).

De otra parte, Los Pelusos es como el gobierno reconoce al otrora Ejército Popular de Liberación a partir de la Directiva 015 de 2016 del Ministerio de Defensa, la cual niega su condición de guerrilla para considerar a esta estructura como un mero grupo narcotraficante. También desde 2015, y en pleno proceso de reducción de las hostilidades con las FARC-EP, Los Pelusos ganaron notoriedad en algunos municipios como El Tarra, Convención, Tibú, Sardinata, Hacarí, La Playa, San Calixto, Teorama o El Carmen, en donde lograron afianzarse como un actor clave del negocio cocalero. Esto terminó alimentando la confrontación con el Frente 33 de las FARC-EP y con el ELN en el Catatumbo. Solo gracias a su último gran líder, 'Megateo', la intensidad de la violencia se redujo, aunque fue eliminado por el Ejército a inicios de octubre de 2015, lo que abrió un nuevo escenario de incertidumbre.

Su fuerza fue creciendo durante el segundo gobierno de Juan Manuel Santos, y aunque siempre hubo un importante baile de cifras, todas las estimaciones coinciden en atribuir a Los Pelusos varios centenares de integrantes (Ríos, 2020). No obstante, el heredero de 'Megateo', Luis Antonio Quiceno, 'Pácora', será igualmente abatido en septiembre de 2019, dejando consigo un proceso de fragmentación y creciente criminalización que ha incrementado los niveles de violencia. Lo más importante es que, tras décadas, su presencia territorial consiguió llegar, desde 2017, a otros escenarios colindantes con Norte de Santander, como Curumaní, Chimichaguas y Pailitas –en el pasado enclaves controlados por el Frente 59 de las FARC-EP–, en el departamento de Cesar, o parte de la serranía del Perijá, clave en el corredor que une La Guajira con el estado venezolano de El Zulia. Por último, se registró una presencia menor en el norte de Cauca, en municipios hace años controlados por las FARC-EP, como Corinto, Miranda, Suárez o Toribío, además de Jamundí, en Valle del Cauca —escenario este en donde también se recogieron acontecimientos de presencia y disputa territorial con el ELN (Indepaz, 2018).

LAS EXTINTAS FARC-EP BAJO LA PRESIDENCIA DE IVÁN DUQUE (2018-2022): UN GOBIERNO QUE SABOTEA EL ACUERDO DE PAZ

INTRODUCCIÓN

A diferencia de su antecesor, Juan Manuel Santos, el gobierno de Iván Duque, como se podrá observar a lo largo de estas páginas, perfectamente puede ser definido como saboteador de la paz, de acuerdo con el concepto propuesto por Stephen Stedman (1997). Los saboteadores, por lo general, suelen ser terceros grupos armados, estructuras paramilitares, medios de comunicación y partidos de oposición o, llegado el caso, hasta la misma fuerza pública. Sin embargo, un hecho sin precedente en la experiencia comparada, tal y como sucede en Colombia, reposa en que haya sido su gobierno democrático el principal obstáculo a la correcta implementación de la paz suscrita en 2016. Claro está, no era necesario un llamado expreso para "hacer trizas el Acuerdo[1]". Bastaba con hacerlo languidecer, demorar sus procesos o promover continuos reparos a lo suscrito con la guerrilla de las FARC-EP.

Podría decirse que lo que hizo el gobierno de Iván Duque durante su vigencia fue un saboteo "de baja intensidad", dadas las limitaciones de las que siempre fue muy consciente el presidente. Primero, por los resortes institucionales del Estado democrático colombiano, en donde la Corte Constitucional o el Consejo de Estado han hecho las veces de principales garantes del Acuerdo. Después, porque tanto el fin de la violencia con las FARC-EP, como la entrada de Colombia en la Organización para la Cooperación y el Desarrollo Económico (OCDE), han contribuido a mejorar sustancialmente la "marca país". De este modo, devenía impopular rechazar frontalmente lo firmado

[1] Es la expresión que, literalmente, acuñó el exministro del Interior uribista, Fernando Londoño, en un acto del Centro Democrático, celebrado en mayo de 2017.

en 2016 con la guerrilla, en tanto que el seguimiento, el compromiso y el respaldo de la comunidad internacional fueron innegables. La opción para tratar de sortear estos aspectos ha reposado en la máxima "paz con legalidad". Esto es, entender que el Acuerdo es una política atribuible al gobierno de Santos –por lo que no es una política de Estado– de modo que resulte posible cuestionar parte de su andamiaje. Así, la implementación se somete a una geometría variable, selectiva, en donde el gobierno decide qué debe ser cumplido y qué no (Gutiérrez Sanín, 2020; González, 2020)

Claro que la pandemia ha sido un limitante, pero hay acciones del gobierno que fueron una firme declaración de intenciones en contra del Acuerdo. Como muestra de lo anterior está su omisión en el Plan Nacional de Desarrollo, con la correspondiente falta de autonomía presupuestaria, los reparos a las 16 curules que debían visibilizar políticamente a los territorios más golpeados por la violencia, la oposición del presidente a la puesta en marcha de la JEP, la desfinanciación del punto relativo a víctimas, en un 30% en julio de 2019, o la omisión a los procesos de transformación negociada en los escenarios de impronta cocalera. Es decir, durante estos años que transcurren entre 2018 y 2022 ha habido lo que podría definirse como una implementación selectiva, cuyo mayor avance, y con limitaciones, concierne al despliegue de recursos económicos para la población excombatiente y el apoyo a un proceso de más individual que colectivo.

Hacer referencia al discurso político, *stricto sensu*, no solo implica mencionar el relato desde la cual un actor político construye una realidad y la dota de significado. También supone entender las prácticas, acciones y omisiones que acompañan al relato y que no siempre terminan siendo coincidentes. Así, esta divergencia de la palabra frente al hecho es la que podemos encontrar cuando analizamos la posición de Iván Duque respecto del Acuerdo de Paz en sus comparecencias en el exterior. Por ejemplo, entre agosto de 2018 y diciembre de 2020 se produjeron un total de 27 comparecencias del presidente Iván Duque fuera de Colombia. La gran mayoría, casi una veintena, tuvieron lugar en suelo latinoamericano, en donde se aprecia una absoluta omisión del presidente colombiano respecto del

Acuerdo de Paz y sus implicaciones. De este modo, solo es posible encontrar menciones expresas cuando el escenario de la intervención es Europa, Estados Unidos o Naciones Unidas, en tanto que hay plena consciencia de la relevancia que tiene dicho Acuerdo para consolidar una imagen favorable del país.

En septiembre de 2018, con motivo de la LXXII Asamblea General de las Naciones Unidas, Duque intervino reconociendo su firme compromiso "con la desmovilización, el desarme y la reinserción (...) con base en los principios de verdad, justicia, reparación y no repetición". También aprovechó para culpar la herencia recibida de Juan Manuel Santos, al reconocer que se trataba de "un proceso frágil, sin destinar recursos suficientes y, hasta ahora, incapaz de avanzar eficazmente en lograr todos los objetivos". Igualmente, una posición similar, de compromiso, puede encontrarse en su comparecencia de marzo de 2020, con motivo de un encuentro con el secretario general de Naciones Unidas en donde reconocía la necesidad de trabajar en favor de "los Planes de Desarrollo con Enfoque Territorial (...), las políticas de reincorporación de aquellas personas que dejaron la violencia, (...) las políticas que tienen que ver con proyectos productivos (...) y un enfoque multidimensional al problema de las drogas" (Ríos y Morales, 2022: 138).

En Europa y en Estados Unidos, igualmente, es posible encontrar un relato que nada tiene que ver con la realidad de los acontecimientos. En un encuentro con el Papa Francisco I, en octubre de 2018, Duque verbalizaba su preocupación con el Acuerdo de Paz y la importancia, al respecto, de combatir la corrupción, la agresión medioambiental y garantizar la plena reincorporación de exguerrilleros. Incluso, llega a reconocer cómo "con el ELN sí y solo sí ellos están dispuestos a entregar a los secuestrados y que se le ponga fin a cualquier tipo de acción violenta es posible que podamos tener un proceso creíble". En términos similares, en un viaje a Londres primero, y Ginebra después, en junio de 2019 va más allá y se refiere a uno de los aspectos más criticables de su gobierno, en relación con la violencia sistemática que se dirige contra la vida de excombatientes y líderes sociales. A tal efecto, no duda en afirmar su preocupación por "garantizar la protección de los excombatientes, y encontrar a los culpables (de sus muertes violentas) (…) con justicia ejemplarizante" (Ríos y Morales, 2022: 137).

También cuando Duque comparece en Estados Unidos se presenta como alguien firmemente comprometido con la implementación del Acuerdo. En un viaje realizado en febrero de 2019 enfatizaba en su compromiso con los proyectos productivos de enfoque territorial y, muy especialmente, en la necesidad de "hacer un cambio de las economías ilegales hacia las economías legales para que en el 2023 hayamos reducido la cantidad de cultivos ilícitos en más de un 60 por ciento". Lo anterior, en aras de "proteger a las comunidades afectadas por la droga, de una manera acorde a la relación con Estados Unidos". (Ríos y Morales: 135).

Sin embargo, es posible advertir un doble discurso político de Iván Duque en el exterior. Es un gobierno marcadamente escéptico con el Acuerdo de Paz, toda vez que plenamente consciente de la escasa influencia de éste en el marco de sus relaciones regionales, en donde tras una veintena de viajes apenas existen menciones al proceso de paz. Todo lo contrario, allí donde sabe que es un instrumento indisociable de la percepción positiva que se tiene de Colombia, no duda en priorizar las menciones al Acuerdo. Esto, aun cuando en el plano doméstico eran notorios los escasos avances que, en materia de reforma rural integral, sustitución de cultivos ilícitos, víctimas o protección a la vida de excombatientes y líderes sociales, se han desarrollado bajo su mandato, siendo los aspectos más espinosos y problemáticos de su gobierno, como han reconocido la práctica totalidad de los actores de seguimiento al Acuerdo, tanto institucionales (OEI, 2018; Naciones Unidas, 2020, 2021), como provenientes de la sociedad civil (Indepaz, 2019, 2022; Fundación Ideas para la Paz, 2019a, 2019b).

EL ACUERDO DE PAZ CON LAS FARC-EP BAJO EL GOBIERNO DE IVÁN DUQUE

Una vez firmado el Acuerdo, se preveía que en los años 2017 y 2018 se materializaría la dejación de armas y el cese al fuego definitivo, además del desarrollo del componente normativo e institucional que favoreciera la implementación. Es decir, desde 2019, el Acuerdo debía tomar impulso en su dimensión más puramente transformadora, aunque, según el último informe de 2021 del Kroc Institute (2021), este apenas había conseguido un avance total del 2%, llegando apenas al 30% de cumplimiento.

Relacionado con el primer punto del Acuerdo, relativo a la reforma rural integral, tras muchos meses de retraso, en 2019 el gobierno logró aprobar, en el marco de lo establecido en los Programas de Desarrollo con Enfoque Territorial (PDET), los 16 Planes de Acción para la Transformación Regional y su correspondiente hoja de ruta, sumándose al Programa de Desarrollo con Enfoque Territorial Étnico específico para Chocó firmado en agosto de 2018. También se avanzó, en los últimos dos años, en la obtención de un préstamo con el Banco Mundial y el Banco Interamericano de Desarrollo (BID) de 150 millones de dólares para apoyar la creación del catastro que debe formalizar las tierras que prevé el Acuerdo. Un aspecto importante que de poco sirve mientras había retrasos en la conformación de un Fondo Nacional de Tierras que, hasta 2020, apenas había conseguido comprometer 925.000 ha del total de 3.000.000 ha previstas (Kroc Institute, 2020). Además, sobre un total de 104 disposiciones que conforman este primer punto, para noviembre de 2020 solo se había completado el 4% (Kroc Institute, 2021), mientras que un 13% estaba en estado intermedio, un 64% en situación incipiente y un 18% ni siquiera había comenzado (Kroc Institute, 2021).

Otro punto del Acuerdo en situación de retraso es el relativo al Problema de las drogas ilícitas (punto 4). El Programa Nacional Integral para la Sustitución de Cultivos de Uso Ilícito experimentó importantes demoras en su puesta en marcha, lo cual se añade a una notable dificultad por articular espacios de interlocución con la sociedad civil y un auge de la violencia. Entre 2017 y 2020, aquellos departamentos que presentaban mayor presencia de estructuras criminales y mayor violencia contra exguerrilleros y líderes sociales fueron los que concentraban los mayores niveles de cultivo cocalero (Ríos, 2022). De este modo, Antioquia, Caquetá, Chocó, Cauca, Meta, Nariño, Norte de Santander y Putumayo concentran actualmente el 90% de la producción cocalera de Colombia (UNODC, 2021), así como el mismo porcentaje de muertes violentas sobre excombatientes que, actualmente, se supera los 400 casos desde la firma del Acuerdo de Paz (Indepaz, 2022; Misión de Verificación, 2020, 2021; Ríos, 2022; Indepaz, 2024).

En contraste, los puntos más desarrollados del Acuerdo de Paz hasta la fecha, excluyendo el último punto, encargado del proceso de implementación y acompañamiento institucional, son el punto segundo (participación política), tercero (fin del conflicto) y quinto (víctimas). En lo relativo al punto segundo, sobre participación política y social, de un total de 94 disposiciones previstas, para noviembre de 2020 solo se habían satisfecho plenamente un 12%, mientras que un 54% tenía algún grado de ejecución y un 34% estaba por comenzar (Kroc Institute, 2021). Muy poco se ha avanzado en este tiempo en lo que aspira a ser una democracia más incluyente y efectiva, de manera que hasta 2022 únicamente se lograron tímidos avances en materia de promoción electoral, radiodifusión comunitaria y acciones puntuales en favor de la transparencia y la lucha contra la corrupción.

Las mayores resistencias en este componente se observan en las dificultades experimentadas para impulsar el proyecto de ley para la reforma política previsto por el Acuerdo. El gobierno retiró su proyecto de acto legislativo, tras excluirse el tema de las listas cerradas y equidad de género, desoyendo la totalidad de las enmiendas propuestas por la Misión Electoral Especial creada por el Acuerdo. Igual sucedió con las 16 curules que, intencionadamente, fueron paralizadas, lo que motivó impugnaciones ante el Consejo de Estado y la Corte Constitucional que, finalmente, en mayo de 2021 terminaron siendo consideradas. Además, instancias en favor del diálogo político, como los Consejos Nacional y Territorial de Paz, Reconciliación y Convivencia han quedado relegadas a un plano marginal, toda vez que las diferentes medidas que debían impulsar y regular los derechos de protesta y movilización social también han sido hasta el momento postergadas en el desarrollo de la agenda normativa del actual gobierno.

Aparentemente, el punto que más ha avanzado ha sido el tercero, relacionado con el fin del conflicto (OEI, 2018; Kroc Institute, 2019,

2020, 2021). Especialmente, porque integra todo el componente de desmovilización, entrega de armas y reincorporación a la vida civil, de manera que, sobre 140 disposiciones, el 49% están completadas, un 19% se hallaba en fase intermedia, un 19% en inicial y solo un 14% por comenzar. Mientras que el componente relativo al cese de las hostilidades y la entrega de armas está satisfecho en un 97%, igualmente se ha avanzado ampliamente en el proceso de reincorporación a la vida civil y política (59%). Al contrario, los mayores retrasos reposan en las garantías de la seguridad de los excombatientes (17%) y la acción integral contra el desminado, íntegramente en proceso de ejecución.

Además de la imperativa mejora del Sistema de Alertas Tempranas que garantice la seguridad de los excombatientes, otro problema importante está en las barreras de acceso a la tierra para los exguerrilleros. La falta de garantías a la seguridad y las demoras procedimentales lastran un proceso de reincorporación que incorpora una altísima vocación agraria. Si bien el Decreto Ley 902 de 2017 habilitaba a la Agencia Nacional de Tierras para la compra y adjudicación de tierras en favor de la reincorporación, en julio de 2021 la mayoría de los exguerrilleros seguía trabajando en predios arrendados. En noviembre de 2020 apenas se habían aprobado 86 proyectos productivos colectivos en favor de 3.353 personas y otros 2.214 proyectos individuales para 2.692 excombatientes, lo que equivale a menos de la mitad de la población exguerrillera (Kroc Institute, 2021).

Queda por analizar la situación de la implementación del último de los puntos del Acuerdo, relativo a las víctimas. El Sistema Integral de Verdad, Justicia, Reparación y no Repetición (SIVJRNR) ha experimentado una férrea oposición del actual gobierno. Desde el inicio hubo una especial demora en la aprobación de la Ley Estatutaria de la JEP, pues, aunque el 8 de febrero de 2019 el Congreso había cumplido con el trámite de remisión al presidente para su sanción, dos días después, este presentaba objeciones a la norma que, aunque no prosperaron, demoraron su entrada en vigor hasta el 6 de junio de 2019. Tal entrada en vigor, igualmente, se acompañaría de una reducción del 30% en su financiación, y ha sido la gran ausente en la mayoría de los discursos de Iván Duque en el exterior –lo cual redunda en la falta de compromiso gubernamental con este punto neurálgico del Acuerdo de Paz–.

También han sido muy escasos los avances que tienen que ver con el Sistema Nacional de Atención y Reparación Integral a Víctimas. Hasta septiembre de 2019, la Unidad de Búsqueda para personas desaparecidas por el conflicto armado tan solo había podido asesorar a 870 personas, y hasta noviembre de 2020 únicamente se habían completado los Planes Integrales de Reparación Colectiva de 15 colectivos de los 755 sujetos de reparación colectiva identificados, además de atenderse a un total de 736 personas (Kroc Institute, 2021). Lo anterior, sumado a la excepcional situación pandémica, los retrasos que acompañan a la Ley 1448 de 2011 –Ley de Víctimas– y las dificultades para delimitar y ampliar la condición de víctima, ha desembocado en muy escasos avances en la implementación[2].

DESCRÉDITO EN LA GUERRILLA Y MALESTAR EN LA CÚPULA DE LAS FUERZAS MILITARES

Una buena manera de conocer hasta qué punto la situación bajo el gobierno de Iván Duque alimentó una profunda situación de malestar y decepción en la guerrilla, por un lado, y una idea de trato de favor a quienes estuvieron alzados en armas, según las FFMM, por otro, se puede observar entrevistando a los actores involucrados. A partir de un trabajo de campo que implicó multitud de entrevistas con excomandantes de las FARC-EP y con generales en activo y en retiro, bajo la presidencia de Duque, es que se puede observar la erosión con la que se observa el Acuerdo de Paz, aunque obedeciendo a razones por completo distintas.

En relación con la reforma rural integral, recuérdese que se apuntaba en el capítulo anterior que esta comprometía un total de

[2] "Según la Comisión de Seguimiento, los recursos asignados a la Ley 1448 de 2011 son insuficientes. Para llevar a cabo las 14 medidas contempladas por la norma son necesarios, hasta el 2030, $357,4 billones, es decir $35,7 billones por año, cifra que sobrepasa el presupuesto de $15,8 billones asignados por el gobierno del presidente, Iván Duque, para el año 2020" (Peña, 2020).

diez millones de hectáreas en favor de la titulación y explotación de tierras para aquellos escenarios que sufrieron con mayor agudeza la violencia armada. Al respecto, se promovían diferentes instrumentos de inversión sobre recursos económicos, tejido productivo e infraestructura, en aras del desarrollo de medidas políticas para, de manera eficaz, mitigar las condiciones de violencia en el plano territorial (Cairo *et al.*, 2018). Este punto bien puede entenderse como un reclamo tradicional de las FARC-EP, aunque cobra significado como una deuda del Estado colombiano con la que promover la transformación territorial y generar capacidades y oportunidades socioeconómicas para reducir la violencia en su dimensión más estructural (Grasa, 2020). Tal vez por lo anterior, a diferencia del resto de puntos del Acuerdo, no genera mayor controversia entre los generales entrevistados y se acompaña de un sentimiento generalizado de aprobación y necesidad. *Sensu contrario*, en los relatos de las FARC-EP se concibe como uno de los puntos más importantes del Acuerdo, tal y como se desprende del siguiente relato:

> El Acuerdo es un acuerdo integral, con seis puntos que se entrelazan, aunque hay un elemento fundamental dentro del Acuerdo: la reforma rural integral. Es la que permite cerrar la brecha entre el campo y la ciudad y mejorar las condiciones de vida del campo, lo cual también beneficia a la ciudad (...) Sin embargo, esta reforma rural integral no se ha hecho, ni hay intentos por hacerla. ('Pablo Atrato', entrevista, comandante del Frente 57 de las FARC-EP. Quibdó, febrero de 2021).

Cosa diferente sucede ya con el segundo punto, en el que se establecían algunos de los mecanismos más significativos que dotan a las extintas FARC-EP de las herramientas necesarias para conformar un partido político que se aleje de la reivindicación armada. Unido con aspectos del punto tercero, se trataba de garantizar su presencia en el Congreso durante al menos dos mandatos presidenciales, hasta 2026, además de fijar los instrumentos de financiación y visibilidad mediática, aparte de las reformas institucionales imprescindibles para otorgar mayores posibilidades a los territorios más golpeados por la violencia. Por supuesto, el permitir que las extintas FARC-EP puedan participar en la institucionalidad colombiana, lejos de concebirse como un ejercicio de normalización democrática, es entendido por numerosos entrevistados del Ejército como una puerta al cogobierno de la guerrilla. Algo que recientemente ha sido verbalizado por quien fuera negociador del gobierno en La Habana, el mencionado Jorge Enrique Mora Rangel, en un evento celebrado en la Universidad Militar Nueva Granada, en 2021. Allí aseguraba que:

> Con el proceso de La Habana se incluyeron las instituciones del Estado en las negociaciones. Eso no había pasado en ninguna negociación anterior. Terminamos nosotros dándole cabida a las FARC en todas las decisiones que, como producto del Acuerdo, se tomarían posteriormente (...) Si se va a hacer una reforma del sistema jurídico colombiano, ahí están las FARC. Si se va a hacer una reforma del sistema político colombiano, ahí están las FARC. Ese error mortal se cometió en el proceso de La Habana[3].

Mientras, la participación política, para las antiguas FARC-EP, y como viene siendo habitual en los procesos de paz suscritos en el mundo a lo largo de las últimas décadas (Kroc Institute, 2017), debe entenderse como un elemento básico para la desactivación del conflicto. No obstante, lejos de erigirse como un trato de favor, continúa pendiente de un desarrollo que garantice una plena igualdad en términos de concurrencia político electoral:

> La inclusión del tema de la participación política fue muy importante para el Acuerdo, pues nos encontramos ante una democracia prácticamente inexistente, a pesar de que tiene elecciones cada cuatro años y se proclama como la democracia más antigua de América Latina. La realidad histórica ha sido la de una ausencia de la democracia tan fuerte que se ha aniquilado en varias veces a la oposición (como a la Unión Patriótica). Este punto del Acuerdo es un paso

[3] Fragmento mostrado por el Mayor General 4 en el transcurso de la entrevista. La posición del General Mora Rangel se puede constatar en Mora, J., *Los pecados de la paz. Vivencias y convicciones de la guerra y la paz en Colombia*, Bogotá, Planeta, 2021.

> significativo y necesario para dar solución a esta grave crisis que tenemos (...) Aún falta todo por hacer. La paz territorial pasa por la acción y por la participación directa y efectiva de la territorialidad, desde el movimiento social, desde las organizaciones sociales, desde las comunidades. ('Victoria Sandino', entrevista, integrante de las FARC-EP y senadora (2018-2022). Bogotá, marzo de 2021).

En relación con esta cuestión, en los relatos se problematiza, relacionado con la participación política, la proliferación de disidencias de las FARC-EP que, alejado de toda realidad, conduce a pensar a buena parte de los generales entrevistados que este hecho responde a una estrategia cabalmente diseñada por la extinta guerrilla. Es decir, se interpreta como una suerte de imbricación de un "brazo político" y un "brazo militar" que pone de manifiesto el profundo sentimiento de desconfianza entre los militares hacia la antigua guerrilla, como explican los siguientes relatos:

> Las FARC-EP ganan siempre. A ellos les sirve estar sentados en el Congreso, con un brazo político, y disponer de unas disidencias que son su brazo armado, violento, que sigue lucrándose del negocio del narcotráfico y de otras economías ilegales. (Anónimo. Mayor General 1, entrevista, Bogotá, octubre de 2021).
>
> Yo estoy convencido de que las FARC-EP no entregaron las armas. Hoy hablan de unos grupos como disidencias, pero para mí no son disidencias. Son reductos que las FARC-EP dejaron como reservas en caso de que no funcionara el proceso (político). (Anónimo. Brigadier General 3, entrevista, Bogotá, noviembre de 2021).

Este tipo de afirmaciones, en realidad, no dejan de ser sorprendentes en tanto que, desde 2016 y hasta la actualidad, han sido numerosas las declaraciones del partido político heredero de la guerrilla en donde se condena toda reivindicación de la violencia, tal y como muestra el siguiente entrevistado:

> Nosotros quienes seguimos defendiendo el Acuerdo tenemos la esperanza y tenemos la voluntad política de seguir construyendo

> la transformación del campo y la ciudad desde la defensa de la democracia y el respeto a las víctimas (...) Aunque hubo unos compañeros que decidieron retomar el camino de las armas, la inmensa mayoría del partido Comunes se quedó defendiendo el Acuerdo de paz. El camino de las armas ya lo recorrimos. Fueron 53 años muy largos y duros, y vimos que por ese camino es muy difícil en las condiciones actuales de Colombia llegar a acceder al poder (...) Respetamos sus posiciones lo único que sí le reclamamos es que no asesinen a los excombatientes, ni asesinen líderes sociales. ('Pablo Catatumbo', entrevista, comandante del Bloque Occidental y miembro del Secretariado de las FARC-EP. Bogotá, febrero de 2021).

En lo que respecta al punto tercero, "Fin del conflicto", en él se fijaban los instrumentos para concluir el proceso de dejación y cese definitivo de la violencia de los algo más de 7.100 combatientes que, en agosto de 2016, conformaban las filas de las FARC-EP, y del que finalmente se han visto beneficiados más de 14.000 personas. Según los últimos datos publicados por la Agencia Nacional de Reincorporación (2024), a pesar de la proliferación de estructuras armadas que, de un modo u otro, se autodefinen como continuadoras de las FARC-EP, más del 90% de los exguerrilleros continúa, a diciembre de 2023, en el proceso de paz. Una de las preocupaciones más generalizadas, tal y como recogen los diferentes informes de seguimiento al Acuerdo, tiene que ver con las muertes violentas que, de forma selectiva, se han venido produciendo sobre los excombatientes. Tanto, que entre noviembre de 2016 y diciembre de 2023 son más 400 exguerrilleros y 2.000 líderes sociales asesinados (Indepaz, 2022, 2023, 2024; Ríos, 2022). Un aspecto que permite cuestionar directamente la eficacia de los esquemas de protección y seguridad a la vida de este tipo de poblaciones vulnerables (Ríos *et al.*, 2020).

> El punto tercero obligaba el desmonte del fenómeno paramilitar. Es una cosa bastante conocida la existencia de los lazos que unen la institucionalidad con ese aparato ilegal para la defensa de los intereses de los grandes propietarios o de los bienes de los

> grandes propietarios. Hoy el paramilitarismo en los territorios donde antes hacía presencia la insurgencia lo que ha ido es a fortalecerse. Lógicamente con un cambio de la modalidad operativa, pero actuando y controlando los territorios. Una muestra de ello es el asesinato de más de 260 compañeros y compañeras firmantes del Acuerdo. ('Benedicto González', entrevista, comandante del Frente 41 de las FARC-EP y miembro de la Cámara de Representantes (2019-2020). Fonseca, febrero de 2021).
>
> Los asesinatos se han convertido en sistemáticos para los firmantes del Acuerdo de Paz. Hoy tenemos 257 compañeros asesinados, ¿esto qué es? Hay un recrudecimiento en los territorios de la violencia impresionante. ¿Y por qué se debe esto? Si la paz, si el acuerdo se estuviese implementando desde el territorio, llevando por lo menos garantías de vida para los pobladores y excombatientes, estaríamos avanzando en la implementación, pero nada de eso está sucediendo allá, en la Colombia profunda. ('Sandra Ramírez', entrevista, integrante de las FARC-EP y senadora (2018-2026). Bogotá, octubre de 2021.).

En todo caso, desde el relato de los generales entrevistados, y ante lo reconocido por los excombatientes de la guerrilla, sorprende hallar numerosos relatos en las entrevistas en los que se llega a relativizar, casi con frivolidad, este fenómeno de muertes sistemáticas de población desmovilizada tras la firma del Acuerdo, tal y como atestiguan los siguientes dos relatos:

> Aquí en Colombia se ha puesto de moda decir que todos los muertos son líderes sociales. Todos los domingos hay muertos en las canchas de fútbol, en las casas de citas, pero ahora todos son líderes sociales. Ese es el mensaje, precisamente, de guerrilleros que se acogieron al proceso de paz y que están disfrutando de cosas buenas. (Anónimo. Brigadier General 1, entrevista, Bogotá, noviembre de 2021).
>
> Cada vez que se utiliza esa cifra de 200 y tantos desmovilizados asesinados yo volteo el argumento y le digo, con toda la dificultad existente, el Estado colombiano le ha garantizado la vida a 12.700

> desmovilizados. Claro que son vidas que nos duelen y más en un escenario de negociación de paz, pero se les está tratando de cumplir por medio de la Unidad Nacional de Protección. Ellos tienen un pequeño ejército privado, con camionetas blindadas y con armas del Estado colombiano. Se hace todo lo posible. (Anónimo. Mayor General 1, entrevista, Bogotá, octubre de 2021).

Un último elemento para considerar guarda relación con las dificultades de las que ha adolecido el Estado colombiano para cooptar el vacío de poder territorial producido tras la desmovilización de las FARC-EP. Este punto tercero establecía que, una vez que la guerrilla asumiese el proceso de entrega de armas, el cual se materializó en el primer semestre de 2017, las FFMM han puesto de manifiesto cómo, la geografía de la violencia previa al Acuerdo de Paz sigue siendo la misma transcurridos cinco años de su firma (Salas *et al.*, 2019, Ríos, 2022). Quizá, éste sea el único aspecto sobre el que es posible encontrar algo de autocrítica generalizada entre los generales entrevistados, así como cierta convergencia con el relato de los antiguos integrantes de las FARC-EP, pues en un marco de postconflicto armado, cuando menos, parece necesario repensar los términos seguridad/defensa (Castillo y Niño, 2020). Si de promover la paz territorial se trata, tal vez la Policía Nacional, en aras de un tránsito de la seguridad pública hacia la seguridad ciudadana, debiera ser el principal garante del entorno local, una vez desaparecidas las FARC-EP. Lo anterior, no obstante, de forma transitoria, pues tampoco se puede obviar que, en Colombia, durante décadas, el principal actor de disputa frente a las guerrillas fue el Ejército y no la Policía Nacional:

> No prestamos suficiente atención a un principio de la física elemental: todo espacio vacío tiende a ser ocupado. Hizo falta un planteamiento sólido de qué iba a hacer el Estado cuando las FARC-EP saliesen del territorio. Eso no sucedió y el espacio fue cooptado por otros actores armados. Faltó estrategia, compromiso y entender que el Estado es algo más que Policía y Ejército. (Mayor General 5, entrevista, Bogotá, noviembre de 2021).

> La paz territorial se asimila más al concepto de consolidación de la paz en un territorio. Desde la visión militar. Y quiere decir el control de territorio que nunca se ha logrado. En muchos de esos territorios donde estuvimos, por ejemplo, ahora antiguos milicianos y gente que no eran guerrilleros como tal han creado algunas de estas estructuras de lo que llaman disidencias. Otras estructuras son de gente que fueron desertores de las FARC y que tienen el conocimiento del terreno, del manejo de armas, de las relaciones con población y del negocio (ilícito) en esos territorios. ('Benedicto González', entrevista, comandante del Frente 41 de las FARC-EP y miembro de la Cámara de Representantes (2019-2020). Fonseca, febrero de 2021).

Uno de los aspectos en donde el discurso de los generales de las FFMM identifica algunos de los mayores incumplimientos de la desmovilizada guerrilla, y también del gobierno, guarda relación con el cuarto punto del Acuerdo (Solución al problema de las drogas ilícitas), en el que se exige de su colaboración para el conocimiento de las rutas cocaleras que durante años fueron objeto de recursos para su financiación. Asimismo, se intenta diseñar una hoja de ruta para promover la sustitución paulatina y voluntaria de los cultivos cocaleros, sin renunciar, en última instancia, a la erradicación forzada.

Durante el gobierno de Iván Duque (2018-2022) no se conseguir reducir la superficie cocalera cultivada, en tanto que si en 2018 la superficie cocalera cultivada era de 169.000Ha, en 2021 se elevaba por encima de las 200.000Ha (UNODC, 2022). Aparte de que los cultivos se han tornado más eficaces y de que los enclaves con mayor violencia armada están íntimamente asociados a los departamentos con mayor impronta cocalera, la producción de clorhidrato de cocaína se ha incrementado, solo en 2021, en un 8%, a lo que hay que añadir cómo las políticas de promoción alternativa de cultivos ilícitos apenas han sido desarrolladas (Kroc Institute, 2021; UNODC, 2021). Aun con base en lo anterior, los relatos de los entrevistados pertenecientes a las FFMM redundan en dos consideraciones claramente compartidas: 1) la exclusiva falta de compromiso de las FARC-EP en identificar las rutas del narcotráfico y 2) la necesidad de una política más eficiente para un problema que, todavía hoy, es el principal motor de la violencia en Colombia:

> Ellos (las FARC-EP) se comprometieron a aportar las rutas, la identificación del negocio, a colaborar en la erradicación de cultivos y promover programas de sustitución, Ha sido todo lo contrario. Estas personas (las FARC-EP) han sabido manipular a que el campesinado lo vea que la única forma de seguir subsistiendo es cultivando coca. Con la política actual se pierden recursos, se pierde tiempo y no se logra la erradicación del cultivo de coca. (Anónimo. Mayor General 3, entrevista, Bogotá, noviembre de 2021).
>
> El proceso de paz no afectó al narcotráfico absolutamente en nada. Fue un error estratégico haber incluido el narcotráfico en la agenda de negociación. Es el factor que explica la ampliación de oportunidades y capacidades en el ELN, pero también de unas disidencias en proceso de recomposición. (Anónimo. Brigadier General 2, entrevista, Bogotá, octubre de 2021).

Desde las voces representativas de las antiguas FARC-EP, la mayor parte con cargos de responsabilidad en el partido político Comunes, se aprecia una preocupación totalmente diferente. Al ser preguntados por este punto del Acuerdo, las narrativas problematizan otras cuestiones, asociadas a la transformación de los emplazamientos cocaleros de los sectores más vulnerables, pero nunca en relación con aspectos, en sentido estricto, vinculados al narcotráfico. De hecho, de los seis puntos del Acuerdo, posiblemente, entre todo el grueso de entrevistados, este es el punto al que menos referencias explícitas se realiza:

> Es imposible la construcción de paz mientras no existan nuevos elementos que empoderen y garanticen la rentabilidad de la actividad agropecuaria en el país. De lo contrario se va a seguir dejando a merced de las economías ilegales a esta población campesina. Se trabaja a pérdida. El Estado está dejando y coadyuvando a que este campesinado recurra y sea presa de las economías ilícitas que les genera unos mínimos de rentabilidad (...) Cultivar coca no es narcotráfico. Son cosas muy distintas. La rentabilidad recae en el

> narcotraficante, que para que desaparezca hace necesario respuestas (que no han llegado) contra los productores de los insumos químicos que son el 50% de esa cadena de producción. ('Benkos Biohó', entrevista, comandante del Frente 34 de las FARC-EP y senador (2018-2022). Quibdó, marzo de 2021).

El punto quinto, relativo a las víctimas del conflicto armado, en su desarrollo, especialmente, entre 2018 y 2022, es el que mayor discrepancia ha generado entre las FFMM y la extinta guerrilla, como dan cuenta los entrevistados. Su contenido, dentro del Acuerdo, sirve para establecer los elementos con los que proteger los derechos las víctimas, atendiendo a las cuestiones de justicia, verdad, reparación y no repetición. Como ya se advirtió, se compromete la creación de una Comisión de la Verdad, una Unidad de Búsqueda para Personas Desparecidas por el Conflicto y una Jurisdicción Especial para la Paz. Esta última, encargada de las condiciones procesales y judiciales de los excombatientes de las FARC-EP (sin transgredir el derecho internacional humanitario), y del resto de personas —agentes del Estado, miembros de la fuerza pública o cargos políticos, entre otros— que estuvieron involucradas directa o indirectamente en la violencia producida por el conflicto armado.

En los militares entrevistados, mayoritariamente, se comparte el argumentario general de los opositores al Acuerdo de Paz, al considerar que se alimenta un halo de impunidad en favor de la otrora guerrilla. Esto aun cuando diferentes instancias como la Corte Penal Internacional, Naciones Unidas o la Unión Europea, precisamente, han destacado todo lo contrario. Este punto quinto establece que los delitos más graves, siempre que haya participación del acusado frente a los derechos de verdad, reparación y no repetición, tendrán penas privativas libertad de entre 5 y 8 años, extendiéndose hasta 20 cuando no haya sometimiento a la justicia. Cuestión aparte estaría su importancia reparadora para con el tejido social, como reconoce el siguiente entrevistado:

> Para mí, si este Acuerdo es de largo aliento es por su eje fundamental: las víctimas. Nosotros estamos cumpliendo, pero usted

> ve un sector que tiene mucho temor de que se sepa la verdad. solo desde la verdad y la reconciliación se puede reparar a la mayoría de la sociedad colombiana. Desde esa reconciliación, entre todos, es ver cómo vamos a construir el nuevo país y qué le vamos a dejar a las nuevas generaciones. El Acuerdo de Paz tiene esa gran potencia restauradora y potenciadora para la construcción de la nueva Colombia en paz, con justicia social y donde quepamos todos. ('Rafael Malagón', entrevista, integrante del Frente 33 de las FARC-EP y gerente de ECOMÚN. Bogotá, marzo de 2021).

Por otro lado, una de las grandes preocupaciones para el estamento militar reposa en el hecho de que los miembros de la fuerza pública y agentes del Estado se puedan acoger a la arquitectura de la JEP. Algo que ha alimentado la falsa sospecha entre los miembros del Ejército –en contra de lo que reconocen los informes de seguimiento al Acuerdo (Kroc Institute, 2017, 2021)– de que los únicos que corren peligro de ser juzgados sean los miembros del estamento militar, y no los antiguos integrantes del grupo armado:

> Hasta ahora no ha llegado el primer informe de la JEP. Ninguna sanción o ejecución de investigaciones. solo se alimenta esa diferencia de quién fue el bueno y quien fue el malo. Resulta que el Estado era el opresor, con una línea coercitiva y asesina, y nada para un grupo narcoterrorista que tanto daño hizo a nuestro Ejército colombiano y nuestras Fuerzas Militares. El caso ahora es sacar más 'falsos positivos'. A los 1.400 existentes ahora lo elevan a 6.400, sin ninguna evidencia ni soporte, dejando entrever una mala imagen de nuestras Fuerzas Militares. (Anónimo. Mayor General 3, entrevista, Bogotá, noviembre de 2021).

Asimismo, buena parte de estos altos mandos entrevistados coincide en reconocer un desdibujamiento del proceso de esclarecimiento de responsabilidades jurídicas y simbólicas que recaen sobre la Comisión de la Verdad y la JEP. Ambas instituciones tienden a ser desacreditadas, al conferirles aquellos una condición sesgada, parcial y benévola con las FARC-EP, que repercute negativamente en la imagen e integrantes del cuerpo militar. Así, se cuestiona su sentimiento de integralidad y, yendo más allá, tal y como verbalizan varios entrevistados, se incurre en un sentimiento generalizado de criminalización de las FFMM, incluso, entre algunas de las voces más favorables al Acuerdo de Paz:

> Esta Comisión no ha hecho trabajo de campo. No ha ido a ninguna región a hablar con las víctimas. Ha hablado todo el tiempo con los victimarios y está haciendo un informe benévolo con las FARC, desconociendo 60 años de asesinatos, violencias y azote en las regiones (...) Esta Comisión trabaja en una sola perspectiva. Tenemos 14.000 soldados mutilados en la última década, 389.000 víctimas de las Fuerzas Militares y la Policía, con huérfanos, viudas, desaparecidos y secuestrados. (Anónimo. Brigadier General 1, entrevista, Bogotá, noviembre de 2021)

Como es de esperar, todo lo contrario se puede encontrar en el universo discursivo de las extintas FARC-EP, tal y como revelan las palabras de su último comandante jefe y presidente del partido Comunes, Rodrigo Londoño, 'Timochenko', al ser entrevistado:

> Nosotros estamos allí donde nos reclaman. Para pedir perdón, para reparar a las víctimas, para contar la verdad. Muchos no nos creían, pero aquí estamos, cumpliendo. Gracias a eso y a quienes creen en el Acuerdo, realmente lo que más ha avanzado con fuerza es el Sistema Integral de Libertad, Justicia y Reparación. Ahí está la JEP. Ahí está la Comisión de la Verdad. Pero todo este trabajo se libra en medio de una batalla muy dura. Con muchos enemigos, pues en buena medida el corazón del Acuerdo está en este sistema. Es su columna vertebral. ('Timochenko', entrevista, comandante jefe de las FARC-EP y director nacional de Comunes. Madrid, diciembre de 2021).

El Acuerdo finaliza con este sexto y definitivo punto, en el cual se recogen los esquemas de seguimiento de la implementación, además de los actores de la comunidad internacional que deben acompañar dicha labor. Esta tarea, a nivel interno, recae en la Comisión de Seguimiento, Impulso y Verificación (CSIVI), mientras que a nivel externo involucra a actores como Naciones Unidas, la Unión Europea o la Organización de Estados Iberoamericanos. Esto incorpora el apoyo en la búsqueda y sistematización de experiencias exitosas y la disposición de recursos provenientes de la cooperación internacional en aras de consumar una correcta implementación del Acuerdo.

Aunque no todos, son varios los generales entrevistados que hacen alguna mención al componente internacional. Con base en las cifras oficiales que publica la Agencia Presidencial de Cooperación Internacional (2022), el respaldo económico que ha recibido Colombia en los últimos cinco años ha superado ampliamente los 2.000 millones de dólares, de los cuales, una buena parte ha ido a apoyar, directa o indirectamente el Acuerdo. Sea como fuere, no se debe obviar que, de según las normas internacionales de la cooperación para el desarrollo, Colombia es un país de renta media y, por ende, no es prioritario como destinatario de fondos de esta naturaleza. Empero, los cuestionamientos críticos por parte de los militares entrevistados giran en torno a dos cuestiones. La primera, cuestionar la legitimidad de la comunidad internacional para con un Acuerdo de Paz vulnera los derechos humanos:

> El gobierno de Santos violó una línea roja que se había trazado para poder llegar a un acuerdo con las FARC-EP. Habrá impunidad para los delitos de lesa humanidad. Nos sorprende que haya venido la Corte Penal Internacional para avalar la JEP, que es una justicia elaborada con base en lo que querían las organizaciones terroristas y que, en parte, fue elaborada por extranjeros. (Anónimo. Mayor General 4, entrevista, Bogotá, noviembre de 2021).

El segundo, guarda relación con el reclamo de una mayor financiación, al entenderse que los recursos que inicialmente fueron comprometidos nunca terminaros desplegados en el país. En realidad, el coste estimado de la implementación del Acuerdo, según las estimaciones presupuestarias de 2017, eran próximos a los 40.000 millones de dólares, y bajo una portación proveniente de la cooperación para el desarrollo plenamente marginal (Junguito *et al.*, 2017). No obstante, el argumento puede entenderse solo con el propósito de desacreditar al conjunto de la arquitectura internacional que, desde el inicio, respaldó y apoyó las diferentes fases del proceso de paz con las FARC-EP:

> Después de los Acuerdos y durante los Acuerdos hubo muchos organismos internacionales que prometieron ayuda. Nada de eso ha pasado y aquí vienen organismos como la Corte Penal Internacional, Naciones Unidas o la DEA a endilgarle delitos al Estado colombiano. (...) Lo que necesitamos es dinero, porque estos cinco años el gobierno no ha dejado de hacer obras sociales, públicas y de hacer crecer el aparato administrativo del Estado para cubrir las necesidades de los delincuentes que se acogieron a este proceso de paz. (Anónimo. Brigadier General 1, entrevista, Bogotá, noviembre de 2021).

Como es esperable, la mirada entre los antiguos comandantes de las FARC-EP es muy diferente. El papel de la comunidad internacional se percibe como el de garante y coadyuvante a su correcta implementación. Esto, en relación con el generalizado compromiso y respaldo que exhibió la comunidad internacional en relación con el proceso de paz y su apoyo a todas las iniciativas que, desde el pasado, fueron dirigidas a transformar la violencia y establecer las bases de una paz estable y duradera:

> Para nosotros es fundamental el papel de la comunidad internacional, que actúa como garante y respaldo para el Acuerdo de Paz. Es importante, sin embargo, que llegue al territorio, pues sus esfuerzos allí no se ven reflejados, a pesar de todo el esfuerzo y las buenas intenciones (...) Necesitamos que la comunidad internacional, que Europa, que los países acompañantes y seguidores de este proceso, que creen en la paz de Colombia, que quieren la paz de Colombia, nos rodeen y nos ayuden para hacer que verdaderamente el Gobierno colombiano implemente ese acuerdo de paz y evitemos que nuestra gente se siga matando. ('Pedro Baracutao', entrevista, comandante del Frente 34 de las FARC-EP y miembro

de la Cámara de Representantes (2022-2026). Medellín, abril de 2021).

LAS DIFICULTADES DEL GOBIERNO DE IVÁN DUQUE PARA NEGOCIAR CON EL ELN

A lo planteado hay que añadir el proceso de paz con la guerrilla del ELN que se había iniciado bajo el segundo gobierno de Juan Manuel Santos. Con un proyecto muy erosionado, especialmente, desde el mes de enero de 2018 –como se apuntaba en el capítulo anterior–, una vez que toma posesión Iván Duque, en el mes de agosto, todo invita a pensar a que, en breve, dicho proceso quede en suspensión.

Desde su comienzo, el nuevo gobierno exige, para cualquier eventual reconducción del diálogo, la liberación de todos los secuestros en cautiverio de la guerrilla, esto, sin ninguna precondición o contraprestación previa. En realidad, lo que sucede es un escalamiento de la violencia, en buena parte, porque la guerrilla había aprovechado la ventana de oportunidad de la desmovilización de las FARC-EP para incrementar sustancialmente sus recursos militares, económicos e, incluso, algunos escenarios de actuación. Buena parte de esto se explicará con el atentado mencionado que tendrá lugar el 17 de enero de 2019 y que deja consigo 23 muertes y 90 heridos en una escuela de cadetes de la Policía Nacional, al sur de la capital. Como es de esperar, con este suceso el proceso quedaba en un estado de parálisis, *sine die*, que se extenderá a todo el período de gobierno.

La prioridad para el nuevo gobierno uribista siempre fue la de retornar a una dialéctica amigo/enemigo, en donde, en cierto modo, el ELN sustituye al tradicional protagonista que, como actor armado más importante, habían desempeñado durante décadas las FARC-EP (Castillo y Niño, 2020). Al respecto, retornar semántica y pragmáticamente a una continuidad en el conflicto armado, en buena medida, implicaba no tener que recomponer la doctrina que, en inicio, exige un proceso de negociación con vistas a la desactivación de la violencia. Expresado de otra manera, perpetuar la confrontación armada con el ELN alimentaba la idea de un Estado fuerte en términos militares, lo cual, de paso, guardaba coherencia con la renuencia que el uribismo, antes y en ese momento, guardaba con respecto a dialogar con una guerrilla como el ELN. Por tanto, los recelos a pensar en la redefinición del rol de las Fuerzas Militares, así como su asignación presupuestaria, se postergaban inexorablemente.

Dadas las circunstancias, el gobierno de Iván Duque hace prevalecer la máxima de enfrentar y debilitar, hasta donde resulte posible, al ELN. Entre 2018 y 2022, se estima que el grupo armado habría conseguido duplicar sus efectivos con respecto a hace una década, aparte de consolidar su posición territorial en Arauca, Norte de Santander, Antioquia y parte de la región Caribe y del Litoral Pacífico. Una ubicación, no obstante, no carente de enfrentamientos con terceras estructuras armadas como Los Pelusos, el Clan del Golfo o la disidencia de las FARC-EP liderada por 'Gentil Duarte'. A tal efecto, son ilustrativas las siguientes palabras de quien fuera jefe del equipo negociador del gobierno con el ELN, Juan Camilo Restrepo:

> Al amparo de los negocios mafiosos turbios han ido tomando predominancia el secuestro, la extorsión, el abigeato y el contrabando. Traer contrabando de Venezuela a Colombia [...] Han ido tomando fuerza ciertos grupos, en especial, el Oriental de Arauca y el del Chocó, muy vinculado a la droga. Los grupos tradicionales del ELN son menos importantes hoy de lo que eran entonces. [...] Lo cierto es que desmovilizadas las FARC-EP, todos los informes de Inteligencia muestran que han crecido. Tienen a su favor el elemento Venezuela. Las cifras disponibles dicen que casi es más importante el continente humano del ELN en Venezuela que en Colombia [...] Ha descubierto los encantos económicos del trasiego de drogas que antes no estaban en eso. Según los informes ya no son 2.000, son 4.000, 5.000, tiene una base relativamente grande de militantes urbanos, mayor que la de las FARC-EP, que le da capacidad de terrorismo, pero no para tomarse el Estado (Juan Camilo Restrepo, entrevista, ministro de Agricultura (2010-2013) y jefe del equipo negociador con el ELN. Bogotá, julio de 2019).

Por otra parte, tampoco ayudará a propiciar un eventual escenario de entendimiento la situación política que transcurre con las desmovilizadas FARC-EP. Es decir, sus malos resultados electorales en los comicios legislativos de 2018 –donde apenas obtienen 50.000 votos– y en las elecciones departamentales de 2019 –bajo las que se obtiene prácticamente una única alcaldía–, se debían sumar al elevado clima de violencia política dirigida contra la población excombatiente. Esto, sumado a las dificultades para cumplir con garantías los aspectos más importantes de la implementación del Acuerdo de Paz.

Todo lo planteado no hace sino consolidar la posición de rechazo a recuperar el diálogo con el ELN. Esto era concebido como un sinónimo de debilidad del Estado que el uribismo no estaba dispuesto a permitir. Formalmente, que no en términos posibilistas, se mantuvo durante buena parte de la presidencia de Duque la idea de debilitar paulatinamente a todas las estructuras armadas, incluido el ELN. En buena parte, este razonamiento era el que había permitido a Álvaro Uribe ser reelegido entre 2002 y 2010, y espolear primero a Juan Manuel Santos, como su sucesor, y nuevamente disputar la segunda vuelta presidencial, con su aval a Óscar Iván Zuluaga en 2014 y obtener la victoria en el plebiscito de consulta sobre el Acuerdo con las FARC-EP en octubre de 2016.

La derrota militar del ELN era inviable, pero no se descartaba, al menos discursivamente, la derrota estratégica. Una situación de tales características permitía mantener ingentes cantidades del presupuesto público dirigidas a seguridad y defensa, con vistas a reducir, paulatinamente, una geografía de la violencia que entre 2018 y 2022, lejos de reducirse, terminó siendo incluso extensiva. Una realidad como la planteada, en cierta manera, exhibía la visceralidad que tradicionalmente existe en conflictos de larga duración como el colombiano. Aunque reducir las hostilidades, a medio plazo permitiera reconducir el gasto público, reducir los daños económicos, materiales y humanos que produce la violencia, e intervenir sobre los condicionantes estructurales, simbólicos e institucionales que soportan el conflicto armado, cualquier acercamiento a la guerrilla, al menos, en 2018, podía entenderse como una traición al caudal político que llevó a Duque a ocupar la Casa de Nariño (Ríos, 2021b).

Ya en el pasado, el uribismo, como se ha visto en este libro, había negociado con las Autodefensas Unidas de Colombia (AUC), el Ejército Revolucionario Guevarista (ERG) o el Ejército Revolucionario del Pueblo (ERP) e, incluso, había dispuesto de tratos judiciales y penitenciarios de favor con destacados integrantes de las FARC-EP, como 'Karina' o 'Samir'. El matiz reposa en que asumir un proceso con el ELN, de cierta manera, implicaba no solo desdecir su marco programático en materia de seguridad, sino revisar los anclajes de una agenda *securitaria* que devenía por completo improbable. También, por la baja popularidad que, inicialmente, pero no a medio plazo, había experimentado, a modo de desgaste, la figura de Juan Manuel Santos. No solo durante sus últimos dos años de mandato tuvo que lidiar el presidente con profundos cuestionamientos que intentaban desprestigiar su imagen, sino que, en 2018, sus principales alfiles políticos, como fue el caso de su exvicepresidente, Germán Vargas Lleras, o su jefe del equipo negociador con las FARC-EP, Humberto de la Calle, obtuvieron un muy mal resultado electoral.

Ante una situación de imposibles gestos unilaterales de la guerrilla del ELN, como podía ser la liberación de todos sus presos, o el cese de sus acciones armadas, al menos contra el Estado, la coyuntura desde 2018 era similar a la que había tenido lugar en Colombia tras el fallido proceso del Caguán y la llegada de Álvaro Uribe al poder, en 2002. Las guerrillas, en aquel caso las FARC-EP, en este más reciente, el ELN, habían renunciado la mano tendida del gobierno a prosperar en un proceso de desarme y pacificación. Frustrado este por una aparente falta de compromiso, era el momento de asumir los mayores costes de una intensificación y mostrar que el Estado está en condiciones de proseguir la paz por otros medios en tanto que, como en algún momento señaló Kissinger (1969: 214) "la guerrilla gana si no pierde y el ejército convencional pierde si no gana".

Queda señalar cómo para el ELN, en este conjunto de argumentos y situaciones recogidas, se acumulaban argumentos de peso para evitar cualquier proceso de diálogo. No estaba ausente la idea de que, si bien las FARC-EP, con cuatro veces más de poder armado y territorial, en realidad, nunca estuvieron en disposición de llegar al poder político. Sin embargo, desde su desmovilización, el ELN había conseguido recomponerse y, lo más importante, ganar presencia en la frontera colombo-venezolana, en donde la disputa con el Estado colombiano le reportaba una importante ventaja competitiva, de cara a resistir cuatro años sin proceso de paz y a la espera de un eventual cambio de color ideológico en 2022 (Ríos, 2021b).

En conclusión, entre 2010 y 2022, en términos absolutos, el ELN había conseguido casi triplicar su número de combatientes y buena parte de su arraigo territorial, aunque aún hoy en unos términos nada comparables a los de las FARC-EP (Fundación Ideas para la Paz, 2020). Esto no es óbice para que el ELN sea todavía en 2024 el actor hegemónico en departamentos como Arauca, Norte de Santander o Chocó, habiendo diversificado sus fuentes económicas gracias a unos réditos de la extorsión, el tráfico maderero, el contrabando o el narcotráfico que, sobre estos hechos, son más atractivos que los que genera la reincorporación. De otro lado, también es cierto que el retorno a la violencia, especialmente tras atentados como el descrito en Bogotá, contribuyó a erosionar mucho una imagen pública, de por sí muy deteriorada. Aparte, la eventual madurez que podía experimentar el conflicto con esta guerrilla, una vez fortalecida su estructura armada, pareciera haber quedado relegada.

Es posible afirmar, por tanto, vistas estas circunstancias, que el desarme de las FARC-EP ha hecho que este ELN gane notoriedad igualmente en Antioquia, sur de Bolívar y en todo el litoral Pacífico, en donde la década pasada su presencia se reducía a Chocó y a una decena de municipios de Cauca y Nariño, en donde era predominante la posición de las FARC-EP. También se aprecia un intento por ganar relevancia en la costa Caribe, en donde atentaron contra un puesto de policía en febrero de 2017, y que se une a otras acciones transcurridas en 2018 y 2019. En todo caso, sus mayores confrontaciones son en la región del Catatumbo, en Norte de Santander contra el EPL (Echandía y Cabrera, 2018) y en el Pacífico, contra cualquier lógica expansiva de grupos post-paramilitares, tanto de los ya mencionados departamentos de Chocó y Nariño como del caso de Cauca, en donde en los últimos dos años se ha incrementado la presencia de pequeños grupos narcotraficantes.

PROLIFERACIÓN DE DISIDENCIAS Y GRUPOS RESIDUALES RELACIONADOS CON LAS FARC-EP

Todo el escenario descrito a lo largo de estas páginas, en realidad, abona un campo de cultivo fértil para el reacomodo de estructuras armadas, más allá del ELN o aquellas que hacen parte del contexto de violencia, como el Clan del Golfo –y otras estructuras post-paramilitares– o Los Pelusos. A tal efecto, Collier *et al.* (2003) señalan que se trata de un fenómeno habitual, que conviene normalizar cuando se pone fin a un conflicto armado o una guerra civil. De este modo, son aspectos de carácter estructural, simbólico e institucional los que mayormente intervienen a la hora de establecer las bases de un proceso de rehabilitación posbélica (Woodhouse *et al.*, 2015). Otros como Hegre y Nygard (2015) o Walter (2015) condicionan las posibilidades de retorno de la violencia a las capacidades institucionales del Estado, mientras que Hatzell y Hoddie (2007) se centran en la necesidad de establecer mecanismos de poder compartido (*power-sharing*) que disuadan un retorno de la violencia. Finalmente, Collier (2009), junto a otros, enfatiza en la importancia de desplegar, más pronto que tarde, recursos económicos con los que transformar los factores que soportan la violencia.

Se presume como condición necesaria para reducir el impacto de disidencias el que se produzcan instrumentos eficientes de formación para el trabajo y creación de oportunidades socioeconómicas (Nussio, 2018). Un aspecto nada baladí cuando el conflicto armado, como es el caso colombiano, se desarrolla bajo fracturas territoriales importantes, que demandan políticas públicas en favor de la inversión, la infraestructura o la descentralización (Saleyhan, 2009) y la de solidez institucional (Hendrix, 2010). Hay quienes destacan que la ocurrencia de resultados electorales negativos, de parte del grupo armado que se desmoviliza, incentiva la aparición de expresiones de violencia (Walter, 2015; Keels, 2017). Otro factor que considerar, y muy relevante en Colombia, guarda relación con la continuidad de fuentes de financiación ilícita, las cuales alteran negativamente la creación de un marco de paz estable y duradero (Mashike, 2007). No se pueden pasar por alto la importancia de los factores simbólicos asociados a la violencia (Findley y Rudloff, 2012). Es decir, la falta de legitimidad y respaldo social para el grupo armado que se reincorpora (Gibson, 2018) o la concurrencia de imaginarios enfrentados, alimentados por prejuicios y estereotipos que estigmatizan a los otrora combatientes (Nussio, 2018), son de necesaria atención. También, debe tenerse en cuenta el papel de los liderazgos en la estructura y funcionamiento del grupo armado (Conolly y Doyle, 2018), además del grado de cohesión interna y convicción a la hora de asumir un proceso de desarme (Pearlman y Cunningham, 2012).

Existen otros factores que impulsan o restringen el retorno a la lucha armada (*driving and restraining forces*), tal y como apuntan Kaplan y Nussio (2018), lo cual exige prestar atención a las motivaciones personales y las condiciones estructurales e institucionales que reposan tras la reincidencia de excombatientes (Ríos *et al.*, 2020). Además, están las inseguridades y la desprotección que alimentan lo que Kalyvas y Kocher (2007), entre otros, definen como el "dilema de la seguridad" (*security dilemma*). Es decir, que los excombatientes, ante procesos de incertidumbre, retornan a estructuras violentas en aras de encontrar mayor seguridad que la que les proporciona el escenario de desmovilización. Es por lo anterior que cabe mencionar, al menos tres grandes grupos de disidencias, algunos surgidos inicialmente en el último año de gobierno de Juan Manuel Santos, como el grupo que comanda 'Gentil Duarte' y algunas pequeñas estructuras residuales, si bien, en la mayor parte de los casos, su fortalecimiento ha tenido lugar entre 2018 y 2022.

LA DISIDENCIA DE 'GENTIL DUARTE'

Esta fue la primera disidencia que exhibió disconformidad con el Acuerdo de Paz, inicialmente dirigida por tres nombres de los cuales recientemente murieron dos y otro cambió de bando. Estos fueron 'Iván Mordisco', 'Jhon 40' y, por encima de ambos, 'Gentil Duarte[4]'. Este último se trató del primero en mostrar públicamente

[4] Actualmente, el líder de esta estructura, tras la caída de 'Gentil Duarte' es el propio 'Iván Mordisco'. Asimismo, su nombre popular es desde hace dos años el de Estado Mayor Central.

su distanciamiento con el Acuerdo, ni siquiera participando en la X Conferencia Guerrillera que debía dar la aprobación a lo comprometido con el gobierno, fue 'Iván Mordisco'. De hecho, éste llegó a dirigir acciones armadas contra un puesto de votación en su área de influencia el mismo día en que se celebró el plebiscito de consulta sobre el Acuerdo de Paz. Ya el 10 de junio de 2016, casi seis meses antes de la firma definitiva, era el responsable de la emisión de un comunicado que rezaba lo siguiente:

> Hemos decidido no desmovilizarnos, continuaremos la lucha por la toma del poder por el pueblo y para el pueblo. Independientemente de la decisión que tome el resto de integrantes de la organización guerrillera. Respetamos la decisión de quienes desistan de la lucha armada, dejen las armas y se reincorporen a la vida civil, no los consideramos nuestros enemigos.[5]

'Mordisco' había ganado protagonismo en las FARC-EP en el tradicional Frente 1, una vez que se produce la "Operación Jaque", en 2008, la cual consigue la liberación de la excandidata presidencial, Ingrid Betancourt, entre otros secuestrados, y la captura del entonces comandante del Frente 1, Gerardo Aguilar, 'César'. Este acontecimiento permitió su ascenso a la dirigencia del frente, aunque entonces ya era percibido como alguien díscolo para el Secretariado, dada su altísima relación con el negocio narcotraficante[6]. En todo caso, y desde 2016 su área de influencia desde el Frente 1 se concentró sobre los departamentos de Meta, Guaviare y Vaupés, cuyas plantaciones cocaleras se acompañan de una vasta densidad selvática y una conexión estratégica de los corredores de la droga hacia Venezuela y Brasil (InSight Crime, 2019).

Por su parte, 'Jhon 40' inició sus andanzas en el Frente 31 de las FARC-EP, de la mano de uno de los mayores promotores del narcotráfico al interior de la guerrilla, como fue 'Negro Acacio'.

---

[5] Véase: https://verdadabierta.com/disidencias-de-las-farc-problema-en-crecimiento/ Consultado el 4 de noviembre de 2022.

[6] Sobre estas cuestiones hay varias intervenciones resaltadas en la entrevista con Rodrigo Londoño, 'Timochenko'.

Con el paso de los años ascendió a comandante del Frente 43, en el departamento de Meta, y se estima que a mediados de la década pasada era el encargado de movilizar hasta 100 toneladas de coca anuales (InSight Crime, 2019b). Desde que se conforma la disidencia pareciera que 'Jhon 40' ha sido uno de los máximos responsables en consolidar su posición sobre el corredor colombo-venezolano, especialmente, a efectos de dar salida a la droga producida en el oriente del país. Tal y como informaba Indepaz (2020), 'Jhon 40' fue el enviado por 'Gentil Duarte' para cooptar las incipientes estructuras residuales de las FARC-EP que, desde 2017, empezaron a proliferar en departamentos como Norte de Santander o Arauca. Sin embargo, y evidenciando el sentido oportunista y cambiante de las nuevas dinámicas de la violencia en Colombia, las informaciones públicas a mediados de 2021 informaban del viraje de 'Jhon 40' y su nueva vinculación con "Segunda Marquetalia".

El máximo referente de este grupo armado hasta este año 2022 que resultó abatido, fue 'Gentil Duarte', quien antes de la firma del Acuerdo ya actuaba como comandante del Bloque Oriental y miembro del Estado Mayor Central, aunque con posiciones díscolas con respecto a respaldar el Acuerdo de Paz[7]. Empero, y aun cuando éste, a diferencia de 'Mordisco', sí participa en la X Conferencia Guerrillera, terminó asumiendo una posición profundamente crítica, al considerar que el proceso de paz obviaba las cuestiones de fondo que soportan la violencia y conducía al desarme y la derrota de la guerrilla (González Martín, 2019).

Desde el Frente 7, 'Gentil Duarte' desdijo cualquier atisbo de compromiso con el Acuerdo de Paz y anunció públicamente su alianza con el Frente 1 que comanda 'Iván Mordisco', a lo que se sumaron otras estructuras de las FARC-EP altamente relacionadas con el narcotráfico, como las dirigidas por 'Euclides Mora', el mismo 'Jhon 40' o 'Julián Chollo' –pertenecientes a los Frentes 1, 7, 16 y 44. Esto provocó que a finales de 2016 el mismo Estado Mayor del Bloque Oriental primero, y el Secretariado de las FARC-EP

[7] Su designación fue una apuesta personal del comandante jefe de las FARC-EP, 'Timochenko'. Comunicación personal con el autor del 2 de noviembre de 2022.

después, desautorizaran por insubordinación a los correligionarios de 'Duarte', arguyendo que "esta decisión está motivada en su conducta reciente que los ha llevado a entrar en contradicción con nuestra línea político-militar[8]".

A partir de 2017 y hasta la actualidad, ésta habría sido la disidencia de las FARC-EP que más ha crecido y mayor notoriedad ha acumulado, tanto de activismo como de presencia territorial; en buena parte, por las ingentes fuentes de financiación provenientes de la explotación ilícita cocalera, aurífera y maderera (Ríos, 2023; Indepaz, 2023). 'Gentil Duarte' consiguió en este tiempo cooptar para su propósito a diferentes estructuras que, desde 2017, han proliferado sobre escenarios cocaleros y fronterizos en donde las FARC-EP mantuvieron un particular arraigo, como sucede con los otrora Frentes 33 (Norte de Santander), 28 (Casanare) o 10 (Arauca). Además, su activismo, con el paso de los años, ha concentrado mayores capacidades operativas, tanto en los departamentos de Meta y Guaviare, como en otros escenarios de la Orinoquia y la Amazonía colombianas (Fundación Ideas para la Paz, 2018).

Además de incorporar a su estructura diferentes grupos residuales de las FARC-EP, como sucede con los antiguos Frentes 14, 15, 17, 27, 40, 42 y 43, 'Gentil Duarte' primero, y 'Mordisco' después, lograron alianzas puntuales con el ELN, en Arauca y Norte de Santander, e incluso con grupos herederos del post-paramilitarismo, como el Clan del Golfo en el departamento de Guaviare. Sin embargo, la altísima fragmentación de la violencia en el plano local, y la imposibilidad de alinear a todas las estructuras armadas herederas de las FARC-EP ha desembocado en importantes confrontaciones, principalmente, con 'Segunda Marquetalia' –en Sucre, Bolívar, Antioquia y Putumayo– y grupos residuales de Nariño y Cauca, además de con el ELN y el Clan del Golfo en el escenario nororiental del país.

---

[8] Véase: https://cn.reuters.com/article/colombia-guerrilla-idLTAKBN1431S1-OUSLD Consultado el 2 de noviembre de 2022.

LA DISIDENCIA DE "SEGUNDA MARQUETALIA"

La aparición de "Segunda Marquetalia" es totalmente diferente a la de 'Gentil Duarte', pues ésta se produce muy posterior a la firma del Acuerdo de Paz. Como se señalaba, es promovida por quienes lideraron la negociación de paz transcurrida en La Habana: 'Iván Márquez' y 'Jesús Santrich'. Su primera aparición pública tiene lugar el 29 de agosto de 2019, cuando 'Márquez', en compañía de 'Santrich', 'El Paisa' (excomandante de la Columna Móvil Teófilo Forero), 'Romaña' (excomandante del Bloque Oriental), 'Loco Iván' (excomandante del Frente 26), 'Walter Mendoza' (excomandante de la Columna Móvil Libardo García) o 'Zarco Aldinever' (excomandante del Frente 53), aparece leyendo un comunicado con las figuras de Simón Bolívar y "Manuel Marulanda" tras él. "Segunda Marquetalia" se proclama como la disidencia heredera de las FARC-EP, en tanto que surge de los incumplimientos a un Acuerdo que se entiende desnaturalizado y al servicio de una oligarquía colombiana a la que corresponsabilizan y tildan de traidora[9].

'Iván Márquez' y 'Jesús Santrich' habían denunciado en varias ocasiones los incumplimientos y abusos a los que había sido sometido el Acuerdo de Paz, tanto bajo la presidencia de Juan Manuel Santos, como la de su sucesor, Iván Duque. El acicate que alimentó la ruptura con el proceso de paz fue la detención, en abril de 2018, de 'Santrich', acusado por la Fiscalía General de la Nación de mantener vínculos con el narcotráfico mexicano. Una situación cuestionada en diferentes instancias, incluso, por la misma Jurisdicción Especial para la Paz (JEP), pero que implicó tanto la detención de 'Santrich' –vigente hasta el 30 de mayo de 2019– como la expedición de una solicitud de extradición de parte de Estados Unidos.

Desde su comienzo, "Segunda Marquetalia" exhortó la legitimación de la violencia, aunque recalcaba su rechazo a actuar sobre objetivos militares –más allá de la autodefensa– y la práctica del secuestro. En su primer comunicado reconocía la necesidad de imponer el cobro

---

[9] Véase: https://www.youtube.com/watch?v=GPZgtBnXr_g Consultado el 2 de noviembre de 2022.

de aportaciones económicas en las que serán sus áreas de actuación, además de su compromiso por construir alianzas con grupos como el ELN. Si bien este marco de colaboración con el ELN se entiende prioritario para 'Iván Márquez', también es cierto que se plantea desde una posición muy diferente a la del pasado. Sobre todo, porque si hay un grupo que se ha consolidado en algunos de los escenarios transformados por la desmovilización de las FARC-EP, principalmente en el corredor colombo-venezolano (desde el que se proyecta "Segunda Marquetalia"), ése ha sido un ELN que es casi hegemónico en la región. Además, dada la naturaleza descentralizada de esta guerrilla, cualquier eventual colaboración queda reducida al estricto plano local y coyuntural, en donde en muchas ocasiones el factor de cohesión no es otro que el de disponer de enemigos comunes como el Clan del Golfo o, en algún momento, el Frente "Oliver Sinisterra". Así, 'Jesús Santrich', al ser preguntado por ello, en una entrevista del 30 de julio de 2020, reconocía lo siguiente:

> Tanto para nosotros como para el ELN la unidad es un propósito revolucionario por cuya concreción estábamos trabajando desde antes del Acuerdo de La Habana y ahora, con mayor razón lo seguimos haciendo (...) Somos organizaciones revolucionarias hermanas y como tales trabajamos en esos dos propósitos, quizás con visiones que tiene matices, diferencias más de orden táctico que de cualquier otro tipo y sabemos que es un deber persistir en la coordinación, la convergencia y la unidad en todos los planos. Tenemos mecanismos para ello y los estamos afinando y fortaleciendo[10].

"Segunda Marquetalia", a pesar de tener una posición territorial muy reducida, operativa inicialmente en Venezuela, y necesitar de un marco de colaboración con el ELN, producto de que en la región concurren terceros competidores como el EPL, el Clan del Golfo o Los Rastrojos, ha ido acumulando otra dificultad. Ésta guarda relación con el hecho de que "Segunda Marquetalia" surge en agosto de

[10] Véase: http://farc-ep.net/?p=2775 Consultado el 5 de noviembre de 2022.

2019, cuando muchas de las estructuras disidentes llevan operando con autonomía desde 2016 y 2017, y a lo que debe añadirse la concepción de si bien 'Gentil Duarte' se desmarcó desde el inicio del Acuerdo, *sensu contrario*, 'Márquez' y 'Santrich' fueron sus principales valedores– lo que debilita cualquier atisbo de unificación en torno a su proyecto "insurreccional".

Tras algo más de tres años de vigencia, las relaciones de no agresión y colaboración, tanto con el ELN como con el gobierno de Venezuela contrastan con una dificultad notable para fortalecer su presencia más allá de Putumayo, Bolívar, Sucre o Antioquia –y algunos escenarios locales de Cauca, Huila, Nariño y Caquetá. Sin embargo, lo que más ha debilitado a "Segunda Marquetalia" han sido las disputas con 'Gentil Duarte' desde marzo de 2021. Unas disputas que no solo permiten entender las muertes recientes de algunos de los comandantes de "Segunda Marquetalia", como 'Santrich', 'Romaña' o 'El Paisa', sino que han terminado por enfrentar al mismo 'Duarte' con las FFMM venezolanas y llevar a la disidencia a una posición muy endeble al final del gobierno de Iván Duque.

PRINCIPALES GRUPOS RESIDUALES Y DISIDENCIAS LOCALES

Aunque los dos anteriores grupos parecieran disputarse su validez como continuadores de las FARC-EP, en Colombia entre finales de la presidencia de Santos e inicio de la de Iván Duque fueron emergiendo decenas de estructuras armadas, más o menos autónomas, que desde un plano local reclamaban igualmente su conexión con la guerrilla. En la gran mayoría de los casos, bajo enclaves mayormente periféricos, con marcada impronta cocalera y una evidente posición fronteriza, como sucede con el corredor oriental, el litoral Pacífico o el sur del país (Ríos, 2021).

Entre los grupos más destacados, algunos llegan a ser previos a la firma misma del Acuerdo, como sucedió con las "Guerrillas Unidas del Pacífico" – "Nueva Gente" o "Nuevo Orden". Alias "Don Ye", expulsado del Frente 29 de las FARC-EP, es así que organizó un grupo criminal, de carácter urbano, formado por guerrilleros rasos y milicianos de escaso recorrido cuyo principal escenario fue, y sigue siendo, la ciudad de Tumaco, en Nariño. De hecho, quien fuera su principal comandante hasta agosto de 2021, 'Borojó', se disputó el control de la ciudad nariñense contra el Frente "Oliver Sinisterra" –integrado, desde inicios de 2021, en dos estructuras distintas–. Si bien disponía de un número reducido de integrantes, próximo al centenar, terminó dirigiendo sus acciones en la producción de cocaína en barrios de Tumaco como Viento Libre, Panamá o Pital de la Costa (Indepaz, 2020).

Poco después de la firma del Acuerdo, en febrero de 2017, había aparecido otra estructura díscola con asumir su traslado a una de las 26 zonas transitorias de normalización, en donde las FARC-EP debían desarrollar su proceso de entrega de armas. En el departamento de Cauca, entre Corinto y Miranda, se constituye una disidencia continuadora del antiguo Frente 6 y que estivo liderado por 'Mayimbú' hasta junio de 2022 –cuando murió tras un operativo en junio de 2022. Este grupo armado se asentó como uno de los principales actores de la violencia asociada al negocio cocalero en Cauca, pero también en otros escenarios como Jamundí (Valle del Cauca), Planadas (Tolima) o Iquira (Huila) –en donde pareciera haber existido colaboración con 'Gentil Duarte' (Indepaz, 2020b).

Casi a la par se produce la creación del poderoso Frente Oliver Sinisterra, en abril de 2017. Dirigido por 'Guacho', el grupo guarda continuidad con la Columna Móvil 'Daniel Aldana' y se conforma una vez que el exguerrillero abandona la zona de El Playón, en Tumaco. 'Guacho' será uno de los primeros excombatientes de las FARC-EP en aparecer públicamente y reconocer que su grupo armado, con más de 200 integrantes, era producto de su disconformidad con el Acuerdo de Paz[11]. Aunque fue abatido en un operativo militar en 2018, hasta principios de 2021, el Frente Oliver Sinisterra ha operado como responsable de parte de una violencia acontecida en Nariño,

[11] Véase: https://www.youtube.com/watch?v=NsGDo5bfVyY Consultado el 5 de noviembre de 2022.

colaborando con diferentes estructuras armadas y tratando de diversificar sus fuentes de financiación (Indepaz, 2020)[12].

El año 2017 terminaría con la aparición de otras estructuras y grupúsculos disidentes, como el continuador del antiguo Frente 48 de las FARC-EP, ubicado en la vasta región cocalera del Bajo Putumayo, o la conformación del Frente "Stiven González", en Nariño. La primera disidencia se ubicó en los municipios de Puerto Asís y Puerto Leguízamo, con menos de un centenar de efectivos, pero con una marcada conexión internacional. Así, habría actuado en alianza, primero, con el grupo criminal de La Constru y el Frente Oliver Sinisterra, y después con "Segunda Marquetalia", en oposición a los intereses en la región de 'Gentil Duarte'[13]. Por su parte, el Frente "Stiven González" aparecía en las inmediaciones del espacio transitorio del municipio nariñense de Policarpa, nutrido de las antiguas Columnas Móviles Daniel Aldana y Mariscal Sucre, aunque operando en un escenario selvático de altísima densidad cocalera, como es el caso de Cumbitara, El Rosario, Leiva o Magüí Payán, en Nariño; y Balboa, en el sur de Cauca, en donde pareciera haber conformado una alianza estratégica con 'Gentil Duarte' (Ríos, 2021c).

Por otro lado, en enero de 2018, el entonces gobernador de Antioquia, Luis Pérez, reconocía la existencia de disidencias en enclaves de tradicional presencia guerrillera, como Ituango, Briceño, Toledo, Yarumal o Anorí. Allí, hoy en día concurren estructuras herederas de los antiguos Frentes 18 y 36 de las FARC-EP y bajo destacadas comandancias como la de 'Cabuyo' –abatido en junio de 2022–, quien colaboraba a su vez con terceros grupos armados como Los Caparrapos, Los Mesa y Los Pachely, presentes en el departamento en la actualidad. En términos similares, desde mayo de 2018 el Ministerio de Defensa reconocía la existencia de una nueva disidencia, heredera del Frente 10 de las FARC-EP y activa en parte del departamento de Arauca. La misma disidencia se hacía pública a través

[12] De acuerdo con Aguilera (2022), esta estructura, desde 2021, se encuentra totalmente desarticulada y sus remanentes han ido a parar a dos nuevos grupos: 'Urías Rondón' –próximo a 'Gentil Duarte'– y 'Alfonso Cano' –afín a "Segunda Marquetalia".

[13] Véase: https://www.elespectador.com/noticias/judicial/ivan-marquez-y-romana-llegan-al-meta-para-disputarle-las-rutas-del-narcotrafico-a-gentil-duarte/ Consultado el 6 de noviembre de 2022.

de un comunicado con el que desmiente su presunta autoría sobre un atentado producido en esos días (Indepaz, 2020: 13). También, a finales de mayo de 2018, se constataba la creación del Frente Fuerza Unida del Pacífico, heredero del antiguo Frente 30 de las FARC-EP y activo en el Alto de Naya, en Cauca. Aunque con un nivel de activismo muy reducido al negocio aurífero y el transporte de cocaína, la disidencia se reconocía a sí misma como "un frente activo de las Fuerzas Armadas Revolucionarias de Colombia, FARC-EP", señalando lo siguiente: "no somos narcotraficantes ni bandidos, tampoco somos una organización residual, somos una organización que sigue los principios y los ideales revolucionarios"[14].

Apenas unos días más tarde, el 25 de junio de 2018, en el departamento de Norte de Santander, se emitió un comunicado bajo la autoría de otra nueva disidencia, heredera del antiguo Frente 33 de las FARC-EP. A su mando, 'Jhon Milicias' hará pública su disconformidad con el Acuerdo de Paz, afirmando que "no existen las garantías necesarias para el tránsito de la lucha armada a la 'movilización' política legal como está diseñado en el Acuerdo de la Habana" (Indepaz, 2020b: 13). Asimismo, afirma cómo bajo el mando el 'Gentil Duarte' y con la mediación de 'Jhon 40' se aspira a recuperar el control territorial del Catatumbo (Indepaz, 2020: 17). Un enclave altamente en disputa por la concentración de cultivos cocaleros y su condición fronteriza con Venezuela, y que cuenta la presencia, como se apuntaba previamente, de destacados actores armados como el ELN, Los Pelusos o el Clan del Golfo.

Esta tesitura continua de proliferación de disidencias permite que, también, entre septiembre y diciembre de 2018, y después, a lo largo de 2019, hayan ido surgiendo nuevos grupos en escenarios de tradicional presencia guerrillera, como Casanare o Cauca. Por ejemplo, en este último departamento, en noviembre de 2018, en el municipio de Argelia, aparecía por primera vez la disidencia "Carlos Patiño", encabezada por 'Mauricio' y que se ha enfrentado a "Segunda Marquetalia" en su intento por ganar influencia en el

[14] Véase: https://www.youtube.com/watch?v=-D4H9Xha9O8 Consultado el 6 de noviembre de 2022.

Mapa n.º 4. Presencia de los grupos armados asociados al conflicto interno, 2022

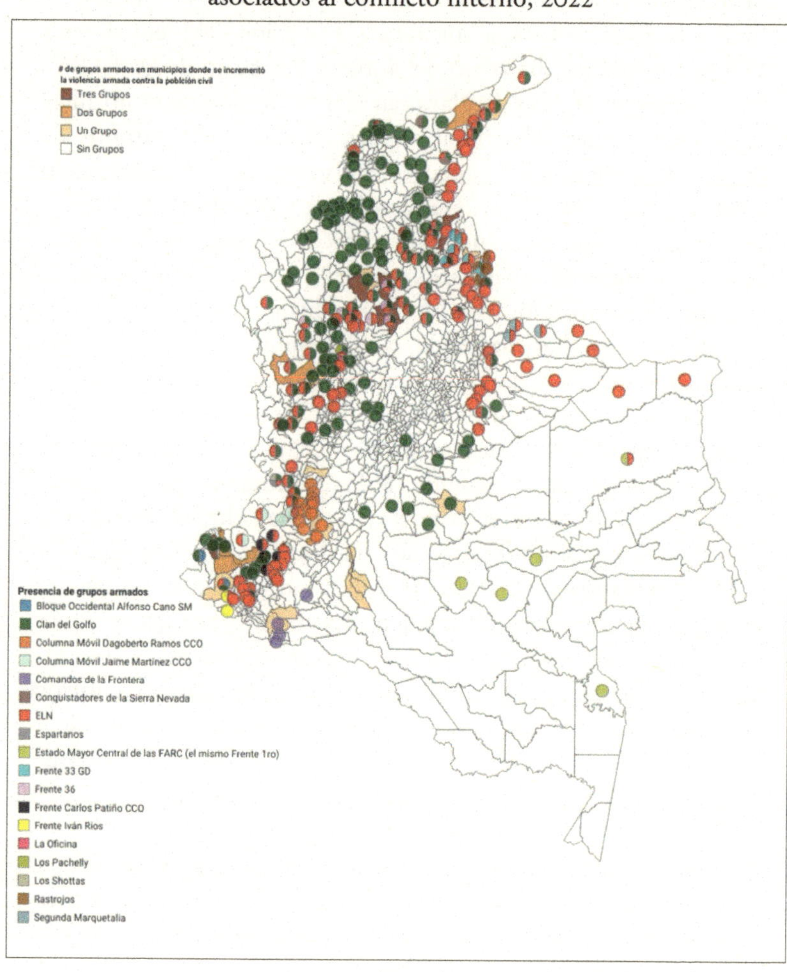

Fuente: Pares (2022). Actualizado a 14 de diciembre de 2022

corazón departamental, sobre los municipios de El Tambo o Argelia. Además, hay varias alertas tempranas recogidas por la Fiscalía General de la Nación que señalan que el grupo ha mantenido alianzas con cárteles mexicanos interesados en la distribución de la cocaína colombiana procedente del litoral Pacífico. Sobre este aspecto son muy clarificadoras las palabras de la exguerrillera Tanja Nijmeijer, al ser entrevistada:

> Pero lo que sí creo es que hay que hacer una diferenciación entre lo que son las disidencias aquí en el Cauca y que en su mayoría son lo que antes eran milicianos de FARC-EP, sin nada de formación política ni ideológica y que ahorita resultan ser los grandes comandantes de esas estructuras. Y que realmente pues eso conlleva a que ya aquí en el Cauca, por ejemplo, ya no se puede hablar de lucha política. A mí me parece que no es una lucha política, es una lucha ya por el narcotráfico. (Tanja Nijmeijer, entrevista, integrante del Bloque Oriental y miembro del equipo negociador de las FARC-EP en La Habana, Cali, marzo de 2021).

En todo caso, a partir de 2020 la transformación de siglas y la redefinición de estructuras, alianzas y confrontaciones en buena parte de estos escenarios ha sido absoluta, imprimiendo un elemento de volatilidad, fragmentación y continuo cambio que dificulta si cabe más los elementos de análisis e interpretación sobre fenómeno de la violencia en enclaves como la región del Pacífico colombiano.

LA SUPERACIÓN DE LA VIOLENCIA EN COLOMBIA Y LA APUESTA DE GUSTAVO POR LA PAZ TOTAL (2022-2026)

LAS DIFICULTADES Y CONTRADICCIONES DE LA PAZ TOTAL EN COLOMBIA

Aunque todavía la presidencia de Gustavo Petro ni siquiera ha llegado al ecuador de su ejercicio, resulta posible plantear algunos escenarios con respecto a las posibilidades siempre relegadas de materializar una paz integral, estable y duradera en el país. Su llegada a la presidencia de Colombia, tal y como era de esperar, supuso un punto de inflexión en la gestión del conflicto armado y la construcción de paz. Sin duda, una de las herencias malditas de su predecesor, Iván Duque, bien tiene que ver con el deterioro de las condiciones de seguridad y el debilitamiento del proceso de implementación del Acuerdo de Paz suscrito con las FARC-EP en noviembre de 2016. A tal efecto, el anterior gobierno, como se señaló, hizo las veces de saboteador, y colmó de retrasos, resistencias e incumplimientos lo pactado con la guerrilla. Además, durante los últimos cuatro años los grupos armados y las estructuras criminales proliferaron exponencialmente y todos presentan mayores capacidades, recursos y presencia territorial con respecto a 2016 (Cairo *et al.*, 2024).

Una de las máximas de Gustavo Petro durante la campaña electoral y durante sus primeras semanas de gobierno fue la de tejer la arquitectura de una nueva política de paz para los próximos años. Al respecto, y entre otras, tres fueron las grandes apuestas para del nuevo ejecutivo. De un lado, Álvaro Leyva Durán, ministro de Exteriores, proveniente del conservatismo colombiano, es una figura de gran reconocimiento entre las guerrillas por su disposición a la paz y la exploración de fórmulas de diálogo. Su elección se debía al propósito, en parte, de coadyuvar el rol de una comunidad internacional con mucha más implicación y responsabilidad respecto de lo que hizo o pudo en 2016 con las FARC-EP. De otro lado, un segundo nombre que destacar sería Iván Danilo Rueda, nombrado como Alto Comisionado para la Paz y, por tanto, con rango ministerial. Su designación fue concebida para liderar los procesos de paz que debían adelantarse en el país, pero que, con más pena que gloria, motivaron su remoción a finales de 2023 en detrimento de quien ya era responsable del diálogo con el ELN y otrora destacado integrante del M-19, Otty Patiño. Rueda había sido director de la Comisión Intereclesial de Justicia y Paz, y aunque siempre tuvo un perfil político muy bajo, llegaba al gobierno con la vitola de gozar de gran conocimiento sobre construcción de paz y ser reconocido muy positivamente por actores como el ELN. Finalmente, quedaría como senador y presidente de la Comisión de Paz del Senado, Iván Cepeda, uno de los referentes de izquierda con más apoyo popular en Colombia y principal valedor del concepto de "paz total" que, igualmente, con la erosión del gobierno, ha ido perdiendo notoriedad y relevancia pública.

Sea como fuere, hablar de paz total durante el gobierno colombiano actual supone hacer referencia a una de las máximas aspiracionales del Ejecutivo. Es decir, atender, entender, dialogar y desactivar la amalgama de conflictos armados que existen irresolutos en Colombia. Por reducir el conjunto de siglas y de actores, para el año 2022 había una confrontación armada con la guerrilla del ELN y con una parte de las extintas FARC-EP, que en agosto de 2019 se desmarcó del proceso de paz al entender que se estaba incumpliendo en todos sus extremos, dando lugar a "Segunda Marquetalia". Otro grupo armado, también mencionado en el capítulo anterior, fue el que nunca se acogió al Acuerdo de Paz y se autodefinió como el único valedor de las siglas FARC-EP: el Estado Mayor Central. Además, habría que añadir un sinnúmero de pequeñas estructuras de carácter local, mayormente lideradas por antiguos mandos medios y milicianos de las FARC-EP y otras tantas estructuras post-paramilitares. De estas últimas, su máxima expresión es el Clan del Golfo –una suerte de estructura criminal franquiciada con representación en buena parte del país–, aparte de otras organizaciones criminales como Los Pelusos –herederos, de algún modo, del otrora Ejército Popular de

Liberación. Ambos, mencionados y abordados, igualmente, en el capítulo anterior.

LA PAZ TOTAL COMO UNA PAZ COMPLETA

Todos estos actores mencionados quedan incorporados bajo el paraguas de la paz total. Sin embargo, su historia, su naturaleza, su relación con la violencia y su idiosincrasia resulta completamente heterogénea. Razón para que, desde el comienzo, tal y como rezan algunos comunicados del ELN, la expresión "paz total" no haya sido de gran agrado pues, aun con todas estas diferencias, pareciera que todas las estructuras armadas son presentadas al mismo nivel en su interlocución con el gobierno. Además, buena parte de la relación recíproca de todas ellas está basada en la confrontación armada o en la colaboración puntual e interesada, de tal manera que cualquier atisbo de negociación debe entender que la exigencia de hostilidades o un eventual cese al fuego ha de integrar la realidad conflictiva de los actores armados entre sí.

Indudablemente, la paz total exige, en la práctica, una geometría variable, si bien un proceso de diálogo, en sentido estricto, como el que transcurrió en La Habana con las FARC-EP, entre 2012 y 2016, solo parece que, por el momento, se vaya a dar con el ELN. Esto, aun cuando tras dos años de diálogo siguen siendo muchas las expectativas y las incertidumbres. De partida, el ELN no es la guerrilla de hace cinco años –han aumentado sus capacidades materiales y militares sustancialmente en este tiempo–, pero igualmente su capacidad de negociación difícilmente puede dejar consigo compromisos y estándares normativos casi impecables, como los previstos por el Acuerdo con las FARC-EP en materia de entrega de armas o protección a las víctimas. Por si fuera poco, una constante sin definir es todavía hoy la capacidad de verticalidad de mando en la negociación y adopción de decisiones que correspondan a la guerrilla. El proceso anterior si algo dejó consigo fue la fractura entre el Comando Central y la Dirección Nacional con las estructuras territoriales en donde la guerrilla disponía de mayor arraigo –Arauca, Norte de Santander y Chocó–. En otras palabras, habrá que ver hasta dónde la vieja comandancia política presente durante años en Cuba mantiene capacidad de control sobre la joven comandancia militar activa en Colombia.

En otro nivel estarían los grupos armados que, de un modo u otro, tienen alguna relación con las FARC-EP. En 2023 hubo notables críticas de quienes lideraron el proceso de diálogo con las FARC-EP por parte del gobierno. En especial, tanto de Sergio Jaramillo, Alto Comisionado de Paz durante el proceso con las FARC-EP, como de Humberto de la Calle, Jefe del equipo negociador en dicho proceso. ¿Hasta qué punto se puede negociar con quienes ya se negoció? Se ha intentado separar, por parte de los diseñadores de la paz total, al menos tres tipos de naturaleza en el mundo de quienes se reclaman continuadores de las FARC-EP. Es decir, diferenciar "Segunda Marquetalia" del Estado Mayor Central y, asimismo, del resto de organizaciones más pequeñas, operadoras a modo de agentes residuales de la criminalidad organizada en escenarios muy concretos de la geografía de la violencia en Colombia. Así, con "Segunda Marquetalia" pareciera que poco se puede negociar más allá de un sometimiento a la justicia, con algún trato favorable, pero muy alejado de los términos de acogimiento a un Acuerdo de Paz como el de 2016, que deviene por completo imposible.

Mayores suspicacias supone entablar conversaciones con la antigua disidencia de "Gentil Duarte" y con los mal llamados grupos residuales herederos de las FARC-EP. En ambos casos se aprecia una profunda desideologización y un abrazo a la criminalidad sin tapujos –especialmente con el narcotráfico y el negocio extorsivo y aurífero–. En el caso de los primeros es cierto que un hecho diferencial es que nunca suscribieron el Acuerdo de Paz, de manera que nunca lo traicionaron, pero igualmente es evidente, viendo el devenir de los acontecimientos, que lo hicieron para erigirse en los señores de la guerra en parte de la geografía colombiana donde las FARC-EP mantuvieron una relativa condición hegemónica.

Lo anterior no les hace muy diferentes a las estructuras criminales del post-paramilitarismo. Nuevamente, y frente a la multitud de estructuras existentes –Los Pachenca, Los Puntilleros, Los Rastrojos– el grupo de referencia es el Clan del Golfo. Con presencia en casi toda la región Caribe, el departamento de Antioquia y parte del litoral Pacífico, operan como una estructura criminal que franquicia y acoge a grupos delictivos de orden local, produciendo un fenómeno que aún hoy es la principal amenaza para la seguridad del Estado colombiano. ¿Qué se puede ofrecer a estas estructuras? Como en el caso de las anteriores, pareciera imposible un diálogo político, un proceso de intercambios cooperativos y, mucho menos, un reconocimiento de su existencia o una redefinición de los términos enemigo/adversario. Únicamente, queda el acatamiento de la justicia a cambio de algún tipo de beneficio carcelario y/o judicial. Desde luego, justificar la exploración de un proceso de esta índole no parece descabellado cuando, todo lo contrario, la política de seguridad y combate frente a estos grupos, por el momento, arroja más sombras que luces. Sea como fuere, concesiones de este tipo ni mucho menos son nuevas en el país. En el pasado, Colombia ya ofreció este tipo de soluciones a organizaciones delictivas sin naturaleza política. Recuérdese el caso, en 1991, que permitió el desmantelamiento de grupos como el comandado por Rodríguez Gacha, por "Ariel Otero" o por el mismo Fidel Castaño, y que llegaron a suponer más de 1.200 desmovilizaciones (Ríos, 2023). Empero, la vigencia del Estatuto de Roma parecería que imposibilita cualquier proceso de esta naturaleza.

A pesar de estas circunstancias, conviene comenzar señalando cómo Gustavo Petro inició su andadura presidencial con tres cuartas partes de apoyo en el Congreso, además de con un grueso de ministros, muchos de ellos, provenientes de formaciones liberales e incluso conservadoras –Alejandro Gaviria (Educación), José Antonio Ocampo (Hacienda) o Álvaro Leyva (Exteriores). Transcurrido un año, esa gran coalición había quedado en buena parte desdibujada, producto de las diferencias originadas en cuestiones de la agenda de gobierno, como la reforma de las pensiones, la salud o el trabajo, y que terminaron por afectar al conjunto del significado de la alianza. Otros escándalos, como el que afectó al exembajador de Colombia en Venezuela, Armando Benedetti, o de la responsable del gabinete presidencial, Laura Sarabia, motivaron que Partido de la U y Partido Conservador se desmarcasen de la coalición. Asimismo, y tras las elecciones departamentales y municipales de finales de octubre de 2023, también se abrieron espacios de diferencia con el Partido Liberal y la Alianza Verde.

Aun con lo anterior, uno de los elementos centrales para Gustavo Petro como es la política de paz, se ha mantenido como una de las grandes prioridades que mejor permiten desarrollar un análisis discursivo. El papel central de la paz se encuentra consagrado tanto en una de sus primeras leyes, la Ley de Orden Público (2272 de 2022), como en el eje central de la agenda gubernamental, que es el Plan Nacional de Desarrollo (2294 de 2023). Esto, aun cuando los espacios de interlocución con diferentes actores armados se han visto muy dañados, por contravenir una máxima de la investigación para la paz y la resolución de conflictos: cuanto mayor sea el número de actores involucrados en una negociación de paz, mayores son las probabilidades de fracaso (Balian y Bearman, 2018). Un elemento que, sin embargo, ha sido tenido poco en consideración, hasta el punto, como se desarrollará en el siguiente epígrafe, que la paz se entiende como un corolario que, por necesidad, ha de integrar a todas las expresiones de violencia asociadas al conflicto, en aras de una paz completa, como reconocen, entre sus muchas intervenciones públicas el impulsor del concepto, el senador por el Pacto Histórico Nacional, Iván Cepeda, o el Alto Comisionado para la Paz, Iván Danilo Rueda:

> La política de paz total es una política que tiene dimensiones y alcances que no había tenido ninguna política de paz en Colombia (…) Es una política de paz que no solo implica la negociación con grupos políticos que están en armas, como el ELN, sino también una amplia política de acogimiento a la justicia para organizaciones y estructuras ligadas a economías ilegales de alto impacto como el narcotráfico y la minería ilegal (Iván Cepeda, KienyKe, Bogotá, 15 de noviembre de 2022).

> Este es un proceso inédito, ambicioso. Nunca se ha tenido simultáneamente a tan diversos grupos armados de diferente naturaleza y motivaciones en un proceso de construcción de paz para Colombia (…) Frente a los destinatarios de la paz total hay cálculos en los informes internos del Gobierno. Si hablamos de

> violencias rurales, unos 15.000 armados y de lo urbano la cifra es un poco mayor, por lo menos 18.000 a 20.000. No se trata de bandas, sino de grupos que ejercen poder armado y que a veces se cruzan con las violencias rurales. El cese al fuego está acordado solamente con los grupos y sus hombres rurales. Con los urbanos hay otras dinámicas (Iván Danilo Rueda, *El Espectador*, Bogotá, 7 de agosto de 2023).

En la paz total, igualmente, se aprecia una clara continuidad con la paz territorial y el proceso con las FARC-EP, relegado a un segundo plano durante la presidencia de Iván Duque. Incluso, entre muchos aspectos, se apuesta por el necesario reclamo de un enfoque diferencial sobre el territorio. Esto queda plasmado en la continuidad y la prioridad sobre los 170 municipios PDET previstos en el Acuerdo de 2016, de intervención primaria por estar severamente atravesados por la violencia estructural, la debilidad institucional y las economías ilícitas, y que han sido ampliados a un total de 344 municipios (Valencia, 2023). Estos, definidos como municipios ZOMAC y reconocidos por el Departamento Nacional de Planeación, son identificados como los más afectados por el conflicto armado y han de ser priorizados en el diseño de oportunidades y creación de capacidades.

De otra parte, la disposición territorial también está presente en la creación de regiones de paz, habilitadas para favorecer acciones y escenarios de interlocución, diálogo y avance con las diferentes organizaciones armadas hacia las que la paz total se orienta (Cairo *et al.*, 2024b). A tal efecto, esta continuidad entre un concepto de paz y otro se entiende como incontestable, y se suma a la noción de paz total como paz completa, tal y como afirma la senadora Isabel Zuleta:

> [L]a paz total conecta con la paz territorial por varias razones. Se mantiene el compromiso por la actuación territorial y la vocación de transformar el campo colombiano. Todo eso quedó suspendido por cuatro años. La paz total busca cumplir a los excombatientes de las FARC-EP y a los territorios más afectados por la violencia. Pero la paz total es eso y más. Es la paz completa. Es también una paz urbana y es una paz dirigida a grupos armados rebeldes y no

> rebeldes. El debate debe ir hacia cuestiones más allá de la impunidad y el acallamiento de los fusiles. La paz es también evitar que se den condiciones de nuevos reclutados entre los promotores de tanta violencia en Colombia. (Isabel Zuleta, entrevista, Bogotá, 27 de junio de 2023).

LA PAZ TOTAL ES UNA PAZ VOLUNTARISTA Y CON MATICES

La paz total, por tanto, aparte de reubicar el Acuerdo de Paz con las FARC-EP como prioridad frente a la situación de cuestionamiento al que fue sometido bajo el gobierno de Iván Duque, propone escenarios de interlocución con actores armados de diferente naturaleza, trayectoria y viabilidad. Por un lado, y de acuerdo con lo anterior, en lo que respecta al ELN, se han desarrollado cuatro rondas de negociación –Venezuela (noviembre de 2022, agosto de 2023), México (febrero de 2023) y Cuba (mayo/junio de 2023)– tomando como referencia la agenda de diálogo aprobada en marzo de 2016, fijada en el anterior proceso impulsado bajo el mandato de Juan Manuel Santos. A pesar de los avances, algunos de los términos del diálogo siguen siendo generalistas e imprecisos y otros, por el momento, apenas están planteados, como sucede con las víctimas, el narcotráfico o la entrega de armas.

A pesar de que se ha conseguido un avance en cuanto a haberse firmado un alto el fuego por seis meses, extensible hasta enero de 2024, existen dudas sobre el grado de cohesión interna del ELN (Aponte y González, 2021). Ya sea por los cuestionamientos que en marzo de 2023 realizó el Frente de Guerra Occidental al proceso de paz total, o por el hecho de que la estructura más poderosa de la guerrilla, el Frente de Guerra Oriental, no tiene representación en la mesa. Por el momento, y aun con todo, el cese al fuego ha dejado un claro marco de *desescalamiento* de las hostilidades. Incluso, a finales de octubre, el Frente de Guerra Norte, operativo en el corredor colombo-venezolano de departamentos como Cesar o La Guajira, secuestró por dos semanas al padre del futbolista del Liverpool FC, Luis Díaz, alimentando el compromiso real por avanzar en una paz que desde mediados de 2023 excluía para la guerrilla la comisión de secuestros. De hecho, a inicios de 2024 se ha sabido que, sumado a lo anterior, desde el último año no ha habido comunicaciones entre la mesa de diálogo y la dirección del ELN con el Frente Comuneros del Sur, activo en Nariño.

En lo que respecta a las disidencias de las FARC-EP, se han avanzado conversaciones que aún hoy carecen de un marco jurídico definido, lo cual hace que se hable más de gestos y propósitos que de avances tangibles. En lo relativo al conocido como Estado Mayor Central (EMC), liderado por 'Iván Mordisco', y que representa al primero de los grupos que se desmarcó del Acuerdo con las FARC-EP, esta formación fundamentalmente opera en el oriente colombiano, con una clarísima vinculación con el negocio cocalero y las economías ilícitas, y en oposición al ELN en Arauca, Norte de Santander y los emplazamientos fronterizos pertenecientes a Venezuela. Un hecho que, sin duda, ha repercutido muy negativamente en su imagen y credibilidad como actor negociador.

A pesar de las dificultades concurrentes, el año 2023 comenzó con ceses al fuego territoriales con esta disidencia en Caquetá, Guaviare, Meta y Putumayo. Es más, se previó la posibilidad de un diálogo formal cuyo comienzo quedaba contemplado para el 16 de mayo de 2023. Un hecho que no pudo ser a raíz de un comunicado del Frente Carolina Ramírez, por el que se reconocía el asesinato de tres adolescentes indígenas que previamente habían sido reclutados forzosamente en Putumayo, en la frontera con Perú. Hoy en día, observando el nivel de arraigo, recursos y violencia desplegada, parece difícil que este grupo armado encuentre incentivos para asumir un proceso de negociación con vistas a su definitiva desmovilización. De hecho, y aun cuando a mediados de octubre se conseguía arrancar un proceso formal de diálogo entre el gobierno y esta organización armada, después de muchos cuestionamientos al compromiso real y unívoco de esta disidencia por acogerse a la paz total, el 5 de noviembre de 2023 se informaba de la suspensión de las conversaciones. Así, se publicaba un extenso comunicado que intentaba responsabilizar al gobierno de la falta de condiciones:

> Es evidente que en este sentido el Estado no quiere un acuerdo de paz, sino una acción de sometimiento sobre nuestra organización armada revolucionaria y de las comunidades que han sido golpeadas durante toda su vida (…) Solo será posible reanudar las conversaciones, si existe la creación de un documento donde el Estado se comprometa con el cumplimiento de cada uno de los acuerdos, de los decretos, de los protocolos y compromisos que se adopten al interior de la mesa de diálogos (EMC, 2023, s.p.).

Junto con lo anterior, estaría el limbo de Segunda Marquetalia, otra disidencia, surgida en agosto de 2019 y encabezada por quienes dirigieron el proceso de diálogo con las FARC-EP en La Habana, 'Iván Márquez' y 'Jesús Santrich'. Su naturaleza, significado y desarrollo tiene muchos matices distintivos con el EMC, aunque por el momento son más las dudas que las certidumbres. Primero, por la incertidumbre que hay sobre el estado de salud del propio 'Iván Márquez', afectado por un operativo armado que intentó matarle en Venezuela, en julio de 2022. Desde entonces no ha habido comparecencias públicas, aunque el gobierno ha reconocido en reiteradas ocasiones sus conversaciones con quien fuera miembro del Secretariado de las FARC-EP. Segundo, porque aun cuando es el actor que más ha rebajado el nivel de activismo armado y hostigamientos, su presencia y capacidad de interlocución está lastrada por su debilidad organizativa, y, sobre todo, por las dificultades legales para amparar un tratamiento político a su estructura. La Comisión de la Verdad (2022) ha reconocido que el entrampamiento al proceso de parte de la Fiscalía General de la Nación, entonces dirigida por Néstor Humberto Martínez, favoreció el retorno a la violencia de "Segunda Marquetalia". Incluso, se ha requerido una relatoría especial de Naciones Unidas en relación con las motivaciones de su rearmamento, si bien por el momento no existen todavía elementos que permitan vislumbrar un proceso formal, similar al del ELN. Basta con observar las reticencias a una negociación en paralelo con estas dos estructuras o la imposibilidad de reorientar dicha negociación hacia el Acuerdo de 2016. Esta última vía ha sido denegada por un pronunciamiento negativo de la oficina jurídica de la presidencia a comienzos de 2023, en donde se explica con rotundidad que los términos jurídicos vencieron y que no es viable tal posibilidad. Así de tajante se muestra quien fuera Consejero Presidencial para el Post-conflicto, Rafael Pardo:

> Tengo mis reservas hacia la paz total. El ELN ya se ha sentado a negociar con cinco gobiernos y de ningún proceso ha salido nada. Las disidencias de las FARC-EP no están motivados a otra cosa que no sea proseguir en las economías ilícitas. Y al Clan del Golfo y otras estructuras herederas del paramilitarismo solo les interesa enriquecerse. Y a lo sumo, negociar una Ley de Sometimiento a la Justicia. En realidad, ninguno quiere negociar nada. No les interesa la representación política. solo el poder territorial. (Rafael Pardo, entrevista, Bogotá, 4 de mayo de 2023).

"Segunda Marquetalia" puede tener más posibilidades de prosperar en un diálogo, ya iniciado en términos exploratorios, al contar con el respaldo de Venezuela y disponer un matiz político que, ineludiblemente, no se encuentra en el EMC. En cualquier caso, y en consonancia con lo verbalizado por Rafael Pardo, esta suma de dificultades con quienes en el pasado hicieron parte un proceso como el de La Habana, ha motivado una segunda narrativa sobre la paz total que la termina por entender como una paz limitada. Así se extrae de muchas de las intervenciones públicas de Sergio Jaramillo o Humberto de la Calle. Sin mencionar al ELN, ambos consideran que la paz total, en su arquitectura de interlocución y reconocimiento a diferentes disidencias de las FARC-EP y grupos post-paramilitares, desatiende un memorando interno de 2012. En él ya se decía que al margen de las FARC-EP y el ELN, "todo grupo armado que haga uso de la violencia será considerado como una expresión de crimen organizado y será combatido en el marco de la justicia ordinaria". Es por ello que son ilustrativas las siguientes palabras de quienes dirigieron el proceso de paz con las FARC-EP hasta 2016:

> Solo quienes fueron parte del conflicto (y no organizaciones criminales) merecen acceder a un tratamiento penal especial (...)

> El Clan del Golfo continúa extorsionando a todos los finqueros, moviendo la droga y ahora en época electoral posicionando sus candidatos. En realidad, es una mafia empacada en el lenguaje de nuestras negociaciones políticas. Es una farsa (...) Reconocer al llamado "Estado Mayor Central" es el peor error estratégico que se ha cometido en Colombia en los últimos 25 años y el daño más grande que se le ha hecho al proceso de paz (Sergio Jaramillo ante la JEP, Bogotá, 28 de agosto de 2023).

Finalmente, en este marco que concibe la paz total como una paz con matices se encontraría también la posición del partido político de las extintas FARC-EP, hoy rebautizado como Comunes, pero que es parte del conocido Pacto Histórico Nacional, que sirve de soporte partidista para Gustavo Petro. Entre los exdirigentes de la guerrilla se aprecia una posición clara de cerrar filas con respecto a las bonanzas y la necesidad de la paz total, aunque leyendo entre líneas se pueden extraer cuestionamientos. Estos, si bien no a modo de críticas frontales, sí que alimentan cierto grado de escepticismo o duda, tal y como se desprende de los siguientes relatos que provienen de voces más que autorizadas al interior de la otrora guerrilla:

> La paz total recoge el planteamiento nuestro de una paz completa. El Acuerdo nuestro con el Estado colombiano no iba a terminar con la violencia, siendo necesario resolver los otros conflictos. Sin embargo, nos parece que su planteamiento es arriesgado. Las circunstancias del EMC son totalmente diferentes a las nuestras y da instrumentos a esa parte de la derecha que ha dicho que dejamos un grupo armado para continuar en la violencia (...) Respecto de Segunda Marquetalia, se salen del proceso, incumpliendo, y eso constitucionalmente da lugar a una situación compleja que requerirá audacia y creatividad, pero bajo el respeto al Estatuto de Roma y la Corte Penal Internacional. (Rodrigo Londoño, entrevista, Bogotá, 2 de mayo de 2023).

Por otro lado, y también en relación con el partido heredero de las extintas FARC-EP, en las entrevistas con sus dirigentes otro lugar común es el de reconocer que la paz completa es un término que contempló la guerrilla en las conversaciones de paz de La Habana, toda vez que destacan las referencias a conectar la paz total con el territorio. Es decir, sin anclaje territorial y trabajo con las comunidades, lo cual parece quedar actualmente en un segundo plano, la paz total deviene impracticable, como reconoce el excomandante de las FARC-EP "Pastor Alape" al ser entrevistado:

> El acuerdo de paz planteaba la paz completa. En él se reconoce la necesidad de avanzar en diálogo con otras organizaciones como el ELN, pero también en el sometimiento o acogimiento de organizaciones criminales o sucesoras del paramilitarismo. Paz total es paz completa, aunque no se utilice como eslogan y responde a una visión que nosotros hemos planteado desde hace años. Es una urgencia, también porque hay otros actores como los que se denominan Segunda Marquetalia o EMC, con quienes para poder superar esas violencias se debe recurrir a la negociación (...) Pero es necesario en todo ello mover a la sociedad, implicarla en iniciativas, promover liderazgos en los territorios y generar una presión social sobre el actor armado. El diálogo no debe reducirse al entendimiento con el actor armado sino con el territorio y las comunidades donde están esos actores (Pastor Alape, entrevista, Bogotá, 27 de abril de 2023).

¿UNA PAZ IMPOSIBLE?

Como es de esperar, entre los mayores detractores de la política gubernamental de la paz total es posible identificar dos actores por encima del resto. De un lado, el conservatismo colombiano, fundamentalmente organizado en torno al partido Centro Democrático, de impronta marcadamente uribista y valedor de la presidencia de Iván Duque, previa a la llegada de Petro. De otro, buena parte del alto mando militar que, promocionado y fortalecido por Duque, dispuso de una doctrina profundamente militarista, cuestionadora de las bonanzas y posibilidades del acuerdo suscrito con las FARC-EP en 2016, y valedora de una ausencia plena de diálogo en aras de un fortalecimiento estatal, tan recurrido como impracticable. Una posición que aún hoy entiende que la confrontación debe ser la única vía para el desmantelamiento de las expresiones violentas herederas de las FARC-EP, pero también del ELN y del Clan del Golfo.

En relación con dicho Clan del Golfo, este representaría junto con otras estructuras criminales de similar naturaleza, un último componente para la paz total que considerar. Como se apuntaba, la paz total abre la posibilidad a un eventual diálogo con las estructuras herederas del paramilitarismo, con presencia en buena parte del país, y que mantiene un nivel de confrontación importante con el ELN y las disidencias de las FARC-EP (Badillo y Trejos, 2023). A tal efecto, la vía que ha adoptado el gobierno, impracticable en términos de interlocución y cese de las hostilidades, ha sido definida por lo que se conoce como sometimiento de la justicia. Un aspecto que implica tratos especiales penitenciarios y/o judiciales de quienes se acojan a la misma, pero que alberga un significado político difícil de asumir y vertebrar con el resto de las interlocuciones a la vez. Sin duda, de entre todos los eventuales actores armados, el más importante es el ya mencionado Clan del Golfo, heredero de los otrora conocidos como Los Urabeños, que desde 2008 emergen como la principal banda criminal –BACRIM en la terminología colombiana del momento– y cuya violencia territorial, inicialmente, conecta con la geografía de la violencia, hasta 2005, asociada mayormente a las AUC.

Aunque el proceso de evolución de lo que se podría definir como post-paramilitarismo ha experimentado rupturas y continuidades, cambios en las denominaciones jurídicas y transformaciones en las siglas, en conjunto, ha respondido a un proceso incremental de afectación y relación con la violencia, sobre todo, asociada al narcotráfico y, en menor medida, otras economías ilícitas. Aparte de los siete departamentos de la región Caribe, el post-paramilitarismo ha tenido especial influencia en el litoral Pacífico, Antioquia y en departamentos de la región llanera como Casanare, Meta y Guaviare. Lo anterior, igual a como sucede con las disidencias de las FARC-EP, acorde a dinámicas territoriales singulares y áreas geográficas concretas. En todo caso, de todas estas estructuras la excepción es el

Clan del Golfo, por ser el actor con más presencia territorial, en más de una veintena departamentos del país, y con el mayor volumen de efectivos, en muchas ocasiones, organizado bajo lógicas criminales descentralizadas, tercerizadas a otras estructuras violentas de menor calado. Estos aspectos, sumados a la interlocución con el resto de las estructuras armadas del país hace que desde la oposición uribista se haga una enmienda a la totalidad respecto a la practicidad de la paz total, especialmente en relación con las disidencias de las FARC-EP y el resto de los grupos delictivos, como reconocen el exministro de Defensa, Diego Molano, o el antiguo Alto Consejero Presidencial para la Estabilización y la Consolidación, Emilio Archila:

> La paz total tiene un problema de diseño. Entiende la paz total sin una necesaria política de seguridad. Las FFMM se están viendo debilitadas porque no hay capacidad, han relevado a una notable cantidad de generales y se transmite una sensación de debilitamiento. Amalgamar a todos los grupos en una misma política de paz es no entender nada. Se inician negociaciones como con el Clan del Golfo o disidencias de las FARC-EP que a los días se rompen. Faltan condiciones mínimas de no extorsión, liberación de reclutados menores, cese inmediato de acciones y, por supuesto, no ofrecer condiciones a quienes ya estaban desapareciendo, como varias bandas de narcotráfico. (Diego Molano, entrevista, Bogotá, 5 de mayo de 2023).
>
> Creo que negociar con las mal llamadas disidencias es un error jurídico, es un error histórico, es una subvaloración de que esos señores son unos hampones que traicionaron el proceso, que negociar con ellos sería inconstitucional. Y después creo que tienen un gigantesco reto en las negociaciones con los grupos armados en delincuentes, básicamente porque la ley que están pasando es bastante menos buena que la que ya existe. Están eliminando la extradición que en términos colombianos es muy complejo (...) En el caso de los hampones, lo que no les gusta es hacer fila ni trabajar. Entonces en ese caso veo un reto muy grande porque lo único que se puede es conceder impunidad y ahí estamos muy lejos de un concepto de justicia transicional, la justicia transicional es un

> *trade off* entre paz y justicia (Emilio Archila, entrevista, Bogotá, 23 de abril de 2023).

Si bien no hay certeza en las cifras, las estimaciones más recientes hablan de una treintena de estructuras que, al menos potencialmente, se podrían acoger a los postulados de acatamiento y sometimiento a la justicia que comprende la paz total. De hecho, tales circunstancias sirvieron para que en 2022 el país fuera reconocido como el segundo país del mundo con más organizaciones criminales, solo superado por México, según la Iniciativa Global contra el Crimen Organizado Transnacional (2022). Así, junto con el Clan del Golfo cabría considerar a las Autodefensas Conquistadores de la Sierra Nevada o también llamados Pachenca, los Shottas, los Espartanos, Los Pelusos o La Oficina de Envigado, entre muchas otras. Un elenco de siglas y estructuras que, mayormente, están asociadas a la actividad narcotraficante y que, para el estamento militar entrevistado, ya justifica la imposibilidad de cualquier atisbo de negociación:

> Antes de la paz está la seguridad (...) La paz solo es efectiva cuando tenga liderazgo político y cuando se hayan logrado minimizar aspectos centrales como el narcotráfico. Para eso hay que pensar en volver a la fumigación o en permitir a nuestros militares enfrentar cualquier actividad narcotraficante con los fusiles. Esa claridad no está clara, por ejemplo, a la hora de enfrentar a las disidencias de las FARC-EP (...) Sobre eso nada dice o propone la paz total. (Brigadier General 1, entrevista, Bogotá, 26 de octubre de 2022).

Aun cuando el cese al fuego con todas las estructuras estuvo presente como iniciativa de la paz total, a partir de enero de 2023, algunos grupos de menor relevancia decidieron vincularse, al menos de inicio, al proceso de paz. Tal fue el caso, por ejemplo, de las Bandas Criminales de Medellín, con las que, sobre un total de 17 estructuras, el 2 de junio de 2023 se inició un proceso de diálogo que arrancó de la cárcel de Itagüí, en Medellín. La realidad es que se aprecia, por el momento, es una notable reducción de las muertes violentas en la ciudad, toda vez que el marco de diálogo queda condicionado, exclusivamente, a temas de desarme, desmovilización y reincorporación, incardinados a un sometimiento a la justicia que aún no ha sido debatido en el Congreso.

Por otro lado, los Shottas y los Espartanos, activos en Buenaventura, que en suma integran unas 1.700 personas, iniciaron el 18 de julio cuando, portavoces de las dos estructuras, participaron en la diócesis de Buenaventura, en un primer punto de partida para el desarrollo de unas conversaciones socio-jurídicas muy similares a las que involucran a las bandas de Medellín. A pesar de estas circunstancias, imprecisas en los diálogos que han iniciado, y con pocos visos de avance en lo que respecta a las estructuras con mayores capacidades, entre quienes fueron dirigentes del paramilitarismo en Colombia existe la convicción de que cualquier atisbo de paz total en el país pasa por su necesaria integración. Así lo reconocen, entre otros, y en términos muy similares, Jorge Iván Laverde, alias "El Iguano" u Óscar José Ospino Pacheco, alias "Tolemaida":

> Se carece de un concepto claro de qué es la paz total, cómo la ciudadanía pueda ser parte de este ejercicio y cómo se le da el protagonismo a los territorios (...) El ELN, por su parte, tendrá que dar muestras claras de paz pues la sociedad no cree en ellos como guerrilla. Ve un poco de viejitos allá en Cuba cansados que quieren jubilarse, y ven acá en Colombia unos mandos medios más dedicados al narcotráfico y a la minería ilegal (...) Para que la paz total sea un éxito deberá ser la paz con todos, con el tratamiento igualitario, no diferencial. Si el Gobierno va a proponer sometimientos para unos y tratamiento político para otros la paz total no va a llegar, y los primeros que no van a estar son las AGC y las ACSN ('Tolemaida', entrevista, Bogotá, 25 de abril de 2023).

> Conocemos al ELN y a las FARC. Son soberbios. Son los que más oportunidad han tenido de poder hacer la paz, todos los gobiernos los han llamado. Mientras se dice que las AGC han roto el cese al fuego, pero lo que motivó que se levantaran de la mesa fue un gobierno que, además, los declaró objetivo militar. Mientras el ELN y las otras guerrillas siguen con el narcotráfico, las

> masacres y matando soldados, y el gobierno diciendo que hay que tener tolerancia. Mire la doble moral. La paz total ha de ser con todo el mundo. Las AGC están dispuestas a hacer la paz desde los territorios, pero si no tienen ese mismo tratamiento no va a haber paz en Colombia, va a continuar la guerra ('El Iguano', entrevista, Bogotá, 29 de abril de 2023).

REFLEXIONES FINALES

Vistas estas narrativas sobre la paz total es evidente la diferencia interpretativa en función del quien emite el discurso y su lugar de enunciación. Es decir, el grado de optimismo y defensa de las bondades de la paz en el gobierno de Gustavo Petro es notorio, aun cuando las dificultades surgidas a lo largo de este primer año y medio, cuando menos, arrojan más sombras que luces. Sin embargo, la paz total se entiende, al menos en términos formales, como la apuesta más ambiciosa de cualquier presidencia anterior en la desactivación definitiva del conflicto armado y, asimismo, se erige como la primera que ofrece mecanismos de interlocución a actores de muy diversa naturaleza y condición. Este aspecto, todavía hoy carente de un marco normativo aprobado por el Congreso y con serias dificultades para avanzar, en lo que respecta a las disidencias de las FARC-EP y los grupos herederos del paramilitarismo, invita cuando menos a la cautela.

Sobre estos dos últimos actores es que, entre los principales nombres del proceso de paz desarrollado con las FARC-EP entre 2012 y 2016 presentan mayores recelos. Sergio Jaramillo, Rafael Pardo o Humberto de la Calle apuntan acertadamente que tales estructuras armadas están desacreditadas y, por ende, deslegitiman cualquier intento formal por entablar un proceso de paz. Al interior de Comunes esta crítica no es tan contundente, pero entrando a comparar su propia experiencia como contraparte negociadora, presentan algunas dificultades que, efectivamente, están lastrando el avance deseado por el gobierno de Gustavo Petro. En todo caso, un lugar común, ya sea por acción o por omisión es entender la necesidad de avanzar en las conversaciones de paz, por ejemplo, con el ELN, así como recuperar la centralidad de un Acuerdo con las FARC-EP, con su particular mirada territorial, denostado por la presidencia de Iván Duque.

Entre los sectores más hostiles hacia la paz total, como es de esperar, destaca el uribismo, que considera que la paz total rompe con el marco de estabilidad y gobernabilidad de la paz con legalidad y carece de una política de seguridad con la que enfrentar las principales amenazas a la seguridad nacional. Este relato es compartido por el alto mando militar, mayormente escéptico con cualquier expresión de paz negociada, por entender que contraviene el imperativo (imposible) de combatir y derrotar a estructuras armadas que, desde hace décadas, copan la geografía irresoluta de la violencia en Colombia. Excepcionalmente, en el antiguo alto mando paramilitar, las reservas a la paz total no son tanto como proceso legítimo o necesario sino, más bien, como planteamiento que, desde la geometría variable, mientras concede escenarios de interlocución política al ELN y las disidencias de las FARC-EP, únicamente ofrece negociaciones de sometimiento judicial al paramilitarismo. Esto, aun cuando hoy por hoy bien puede ser el actor con mayores capacidades de desestabilizar el país, tal y como sucede, particularmente, con el Clan del Golfo y otras estructuras afines. Para estos otrora comandantes de las AUC, cualquier oposición a negociar aspectos políticos con el post-paramilitarismo hará impracticable la paz total.

Por supuesto, apenas ha transcurrido poco más de un año de la paz total, de manera que, si los acontecimientos vinculados a esta están en continuo dinamismo, no lo estarán menos las voces asociadas, de un modo u otro, al mismo. Esto sumado a otras posibles fuentes de análisis que, como sucediera en el caso de las FARC-EP, irán aflorando a medida que avance el proceso de diálogo, hará que en próximas publicaciones se puedan encontrar miradas y planteamientos complementarios a los que otorgan estas páginas.

Las FARC surgen formalmente en 1966, tomando como mito fundacional el bombardeo producido sobre Marquetalia, del 27 de mayo de 1964.
Archivo Fotográfico de las FARC-EP/Comunes

Rodrigo Londoño, "Timochenko", ingresa en las FARC en 1976, con 17 años.
Archivo Fotográfico de las FARC-EP/Comunes

Una faceta poco conocida de Rodrigo Londoño fue la de camarógrafo en algunos momentos y pasajes de gran trascendencia en la vida de las FARC-EP.
Archivo Fotográfico de las FARC-EP/Comunes

El Secretariado de las FARC-EP siempre quedó reducido a exiguo número de combatientes.
De izquierda a derecha: "Timochenko", "Alfonso Cano", "Jacobo Arenas" y "Raúl Reyes".
Archivo Fotográfico de las FARC-EP/Comunes

Parada militar ante el Secretariado de las FARC-EP. Su centro neurálgico durante décadas estuvo situado en Casa Verde, ubicado en el municipio de La Uribe, en Meta. Archivo Fotográfico de las FARC-EP/Comunes

El Secretariado ante la tumba de "Jacobo Arenas", ideólogo de las FARC-EP, fallecido en 1990. "Timochenko" a la derecha de Manuel Marulanda, máximo comandante de la guerrilla y vestido de civil.
Archivo Fotográfico de las FARC-EP

Hacia el año 2000, en pleno proceso del Caguán, las FARC-EP llegan a su máximo histórico de combatientes, al superar los 18.000 efectivos y los 80 frentes de guerra. Archivo Fotográfico de las FARC-EP/Comunes

Tras la muerte de "Manuel Marulanda", en 2008, "Alfonso Cano" asume la comandancia de las FARC-EP. En la foto, de izquierda a derecha, "Raúl Reyes", "Timochenko" y "Alfonso Cano". Archivo Fotográfico de las FARC-EP/Comunes

"Alfonso Cano" muere en el marco de la Operación Odiseo, impulsada durante el gobierno de Juan Manuel Santos, a comienzos de 2011.
Archivo Fotográfico de las FARC-EP/Comunes

"Timochenko" se erige sucesor de "Alfonso Cano". Se encontraba al frente del Bloque Magdalena Medio, actuando en la región del Catatumbo, en la frontera con Venezuela. Archivo Fotográfico de las FARC-EP/Comunes

Aun cuando en los primeros compases de la negociación de La Habana (Cuba) no estuvo presente, siempre tuvo un marcado protagonismo en contener la cohesión interna de las FARC-EP. Archivo Fotográfico de las FARC-EP/Comunes

Uno de los elementos destacados del proceso de diálogo entre las FARC-EP y el gobierno colombiano fue el apoyo internacional, especialmente de Cuba, Venezuela, Noruega y Chile. Archivo Fotográfico de las FARC-EP/Comunes

Desde el comienzo Rodrigo Londoño, "Timochenko", siempre fue defensor de dejar atrás las siglas FARC-EP en aras de constituir el partido político heredero de la guerrilla. Archivo Fotográfico de las FARC-EP/Comunes

Rodrigo Londoño ha protagonizado innumerables acciones de perdón y reoc-nciliación con las víctimas del conflicto armado. Una de ellas tuvo lugar en la provincia de Vélez (Santander), en marzo de 2024. Archivo Fotográfico de las FARC-EP/Comunes

CONVERSACIÓN CON EL ÚLTIMO COMANDANTE DE LAS FARC-EP

Rodrigo Londoño Echeverri, "Timochenko",
y Jerónimo Ríos Sierra

Dado que el propósito de este libro y, por extensión, de esta entrevista, es conocer de tu viva voz la transformación de las FARC-EP de guerrilla a partido político, empecemos por lo más fácil: ¿dónde te encontrabas cuando Juan Manuel Santos gana las elecciones y asume la presidencia en agosto de 2010?

Yo para ese momento, el año 2010, me encontraba en la zona fronteriza con Venezuela, en la región del Catatumbo, en el departamento de Norte de Santander. Ahí llevaba varios años. Coincidí con las elecciones que hicieron presidente a Hugo Chávez en Venezuela, en 1999. Ahí por tanto me encontraba también cuando murió 'Manuel Marulanda', nuestro comandante jefe, en 2008, y también cuando se tomó la decisión de que 'Alfonso Cano' asumiera la conducción de la organización. Por tanto, allí, en esa parte del país es donde me estaba moviendo yo, como coordinador del Bloque Magdalena Medio y responsable de la integración de los demás frentes en la zona. El más conocido era el Frente 33, pero también allí hubo otra serie de unidades que creamos en ese tiempo: la Compañía Manuela Santos, la Columna Resistencia Barí, la Columna Arturo Ruiz y la Compañía 29 de Mayo. Esta última nace de un grupo de combatientes que estaban en curso básico y les tocó la práctica enfrentando a los paramilitares que ingresaron al Catatumbo ese 29 de mayo de 1999, a pocos kilómetros del batallón del ejercito ubicado en Tibú por donde, por cierto, pasaron tranquilamente.

¿Cómo estaban las FARC-EP para ese entonces?

Pensar en el pasado desde el momento actual siempre es difícil, porque es diferente contestar a esa pregunta con la perspectiva actual que con la valoración del momento. Está claro que nos encontrábamos, como organización, en una situación compleja. Una situación difícil. Yo, de hecho, tenía muchas angustias y así se lo expresaba a la gente. Veníamos de una etapa bastante dura con el Plan Patriota impulsado por el presidente Álvaro Uribe Vélez. Por mi situación yo conocía directamente a la gente que estaba bajo mi mando, y a la que estaba con el camarada 'Pastor Alape', integrando el Bloque Magdalena Medio. Yo era su coordinador a nombre del Secretariado y 'Pastor Alape' su comandante. De las estructuras de los demás bloques de las FARC-EP para ese momento yo apenas tenía el conocimiento general de cada una de ellas, aunque eso no quiere decir que no supiera de los golpes que nos daban en los otros bloques, de sus logros como de algunas cosas de su situación interna.

Yo en particular, en ese momento sentía un aislamiento político muy grande, en buena parte, explicado por los golpes militares que habíamos sufrido y en especial por una muy bien diseñada campaña mediática que se encuentra muy bien explicada en el libro *Guerrilla Marketing,* de Alexander L. Fattal, encaminada a desprestigiarnos y a quitarnos apoyo popular. Habíamos dejado de conseguir las victorias militares y las acciones exitosas del pasado reciente. Quedaban acciones importantes en la zona del Cauca y Nariño, fundamentalmente, pero a la vez allí la degradación de la fuerza era mayor. La situación de desazón venía dada también por toda esa política de tierra arrasada en contra del movimiento popular y todo lo que oliera a izquierda. Durante los años del Plan Patriota y el Plan Colombia la gente acabó muy temerosa, con mucho miedo. Y eso también se reflejaba en el funcionamiento de la organización. Cuando hablábamos con la gente, con nuestra gente, hasta con los más amigos y leales nos decían: "nos saludamos, pero de lejitos, que no nos vean". Para que se haga una idea, conseguir, por ejemplo, alojamiento para un herido en algunas de las ciudades de Colombia era una absoluta odisea. Conseguir que llegara algún compañero para lograr un simple tratamiento médico era muy complejo. La gente estaba muy temerosa y con mucho miedo de relacionarse con nosotros.

Por otra parte, para ese momento, también estábamos en el tema de los intercambios humanitarios. Es decir, la liberación de camaradas presos a partir de la gran cantidad de soldados y policías que teníamos retenidos. Pero en líneas generales, mis reflexiones, lo que yo pensaba para mis adentros, lo que recuerdo a la perfección es que, en la realidad política y militar del momento, de 2010, era muy contraproducente para nosotros. Claro, eran temas muy delicados para hablarlos abiertamente en una organización militar, pero tampoco se podía hacer por otros medios. El hacer llegar mensajes con estas preocupaciones podía hacer que todo se entendiera mal y se generasen debates que eran innecesarios. Y en función de responder la ofensiva enemiga debíamos estar férreamente unidos.

En honor a la verdad he de decir que esto que estoy contando nunca lo planteé. Tuve intención de hacérselo llegar a los demás miembros de la Dirección, pero no se daban las circunstancias o el momento para hacerlo. A pesar de todo este aislamiento, con los intercambios humanitarios y el modo en que se involucraron personalidades políticas como Piedad Córdoba o Hugo Chávez, conseguimos cierta visibilidad. Sin embargo, y aun cuando con todo eso, estábamos convencidos de no renunciar a la beligerancia con el gobierno de Álvaro Uribe, visto ahora, en 2024, se trataba de algo ilusorio.

¿Cuándo llega Juan Manuel Santos a la presidencia, consideras que puede darse algún atisbo de cambio?

Verdaderamente pensaba, como todos, o como muchos, que Santos era la mera continuación de Uribe. Es decir, que Santos iba a ser la continuación de la Política de Seguridad Democrática, de manera que no se avizoraba que se pudiera dar ningún cambio. También, porque Santos había sido ministro de Defensa de Uribe. Un ministro que había sido muy beligerante y un verdadero representante de la clase dirigente que nos había declarado la guerra a muerte.

¿Considerabas que la derrota militar de las FARC-EP podía llegar?

Nunca, en absoluto. No falto a la verdad si te digo que, para nosotros, nunca, jamás, se consideró la derrota como una posibilidad. Nuestra forma de luchar es irregular. La lucha guerrillera no es tan fácil de derrotar. Tiene flujos y reflujos. Sabíamos que estábamos en un momento de reflujo, pero también percibíamos que, a pesar de las circunstancias, en varias de las regiones del país había un sentir popular y un despertar de la gente que se daba en medio de una represión tremenda. Habían sido años de encarcelamientos masivos, de asesinatos, de paramilitarismo, todo bajo el paraguas de la Política de Seguridad Democrática. Y a pesar de todo, había un cierto despertar. Por ejemplo, en la región en la que yo estaba, en el Catatumbo, había un gran movimiento de lo que llamaron los cocaleros y *raspachines*, que lideraron movilizaciones y se enfrentaron a la fuerza pública.

Esta parte es muy importante en la lucha guerrillera. No se puede poner en perspectiva ni vislumbrar o sostener la lucha guerrillera sin un proyecto político. A pesar de la realidad, veíamos, para 2010, que se nos podían estar abriendo tiempos mejores. Lo importante era corregir algunas prácticas y errores del pasado, como las indisciplinas que le facilitaban al "enemigo" introducirnos elementos que le permitía nuestra localización en tiempo real con la tecnología de punta o las ventajas que le dimos al enemigo para actuar en contra de la organización. Todavía estando vivo 'Manuel Marulanda', ya él advertía de la necesidad, al interior de las FARC-EP, de reformular algunas prácticas en las zonas en donde mayormente transcurría la confrontación militar. En algunos documentos cuestionó el abandono de los principios de la lucha guerrillera por algunos mandos. La Inteligencia que se había desarrollado muchísimo para ese momento era nuestra principal preocupación. Para nosotros suponía un giro de 180°, pues las fuerzas del estado estaban en capacidad de localizarnos con precisión.

Los bombardeos siempre existieron, pero eso no era algo a lo que uno le tuviera demasiado temor, siempre y cuando se tomaran las medidas básicas. Por supuesto, era arriesgado caer bajo un bombardeo y se evitaban al máximo, pero el Estado colombiano, hasta la llegada del Plan Colombia, no tenía los efectos que llegó a tener después, cuando se incorpora la tecnología de punta proveniente de Estados Unidos y de Israel. A partir de mediados de los 2000, a uno lo conseguían ubicar donde dormía, y allí le caían las bombas. Es lo que le pasó al 'Mono Jojoy' o a 'Raúl Reyes'. Ellos y otros muchos camaradas que murieron en bombardeos en donde a veces teníamos 15, 20, 30 y hasta 40 bajas. Todo lo anterior se da a partir de la aplicación de esa tecnología.

En conclusión, nos teníamos que guardar mucho más, lo cual nos limitaba y, como decía antes, generaba un ambiente de mucha tensión. Por ejemplo, cuando hacíamos la compra de la remesa en los pueblos cercanos, allí estaba metida la Inteligencia del Estado. Nos introducían los detectores en las barras de jabón, en el arroz o en el frijol. Todos los productos mucho más los electrónicos, tocaba revisarlos uno por uno y minuciosamente para detectar posibles localizadores, pues con ellos es con lo que sufrimos los golpes más duros de esa época. Es así como, aun con dificultades, conseguimos, para 2010, sobreponernos a eso y disminuir los golpes tan seguidos.

¿Qué supone para ti la muerte del 'Mono Jojoy' en 2010?

Fue un golpe muy duro, que personalmente me afectó mucho. Fui muy amigo del 'Mono'. En mi actividad militar, ya como jefe, prácticamente me hice al lado de él. Las primeras tareas que me tocaron como mando fueron compartidas con él. Era mi jefe en ese momento, allá por el año 1982, y compartí con él experiencias muy interesantes. Tal es el caso de la construcción del Bloque Oriental, que fue una experiencia única en esa etapa de la historia de las FARC-EP. Entre los dos, con la ayuda de 'Pastor Alape', construimos ese proyecto. Estas experiencias conjuntas generan lazos de amistad que se refuerzan en la actividad militar. Esos lazos de amistad se vuelven mucho más profundos y bueno, también por su forma de ser y su humanismo y su lealtad, fue que siempre nos la llevamos muy bien.

En ese sentido el golpe muy duro, pero además es que en la organización de las FARC-EP era un referente muy importante. Venía siendo un referente estigmatizado además por los medios de comunicación, pero para todos nosotros era un espejo al que mirar. Desde el enemigo, la imagen del 'Mono' sufrió una gran estigmatización. Su muerte golpeó mucho la moral de la gente. La conducción militar del Bloque Oriental había llegado adonde había llegado gracias a él. Era el bloque insignia de las FARC-EP por la capacidad de conducción del 'Mono' y su destreza para aprovechar las capacidades de trabajo de los hombres y mujeres que lo rodeaban y le garantizaron llegar a donde llegó.

Por otro lado, también hay que decir que finales de los 2000 habían sido años muy duros para toda la estructura de la organización y también para él. De hecho, el venía una etapa de autocrítica. Con él, por medio de nuestras comunicaciones, me escribía mucho y conocía muy bien de lo que hacía y pensaba. Estaba en un momento de reevaluar muchas de las prácticas que, cómo decirlo, "se le habían salido de las manos a algunas estructuras del Bloque Oriental". Siendo consiente de eso, se hallaba en un momento de trabajo duro, aunque los quebrantos de salud lo limitaban mucho, y en medio de eso estaba trabajando con mucha intensidad en lograr una victoria militar que impactara duramente en el enemigo, por lo que las consecuencias de su pérdida fueron muchas, en lo político, en lo militar y en lo moral de la organización.

¿La muerte del 'Mono Jojoy' os hacía prepararos para lo peor?

El ofrecimiento y el primer mensaje para iniciar unos posibles diálogos de paz nos llega estando vivo el 'Mono'. Le diré más, el fue de los que abrazó con más entusiasmo esa idea de diálogo. Lo apoyó y lo argumentó. Incluso creo que se llegó a hacer pública una última conversación en la que habla de la realidad política del país y en donde reconoce expresamente que todo tiene que resolverse a través de una solución negociada. Eso hace que todo fuera todavía más doloroso. Yo nunca lo he dicho públicamente, pero la primera reacción por el dolor que me produjo la confirmación de su muerte me hizo decir: "¡se hizo matar el 'Mono'!". 'Alfonso Cano', viendo la situación que atravesaba el Bloque Oriental y en particular, por su estado de salud, le insistió mucho en decirle "mire, sálgase, córrase hacia la frontera porque su estado de salud es bien delicado. Córrase hacia la frontera para buscar y ver la posibilidad de un tratamiento". A él le estaba dando duro, muy duro, la diabetes, pero como decimos popularmente, frente a eso se hizo el loco pues su objetivo era conseguir el objetivo militar que se había planteado: darle un golpe demoledor en esa zona al Ejército.

Como señalaba, es por eso por lo que, en mi primera reacción dije, "este se hizo matar". Sin embargo, él había estado en la discusión que dimos sobre las razones que nos había mandado Juan Manuel Santos. Sobre eso no guardo nada escrito, pero lo recuerdo. Era un momento singular porque mientras estábamos en el desarrollo de discutir si procedía y cómo dirigir una discusión sobre la paz, es que recibimos la información de una estructura al mando de 'El Paisa' que nos decía que tenía las condiciones listas para hacerle un atentado al presidente Santos.

En cualquier caso, el Mono estuvo, creo que casi con seguridad en la discusión que nos propuso 'Alfonso Cano'. Y por supuesto, frente a la propuesta del 'El Paisa', la respuesta fue clara: "No. No vamos a intentar matar a la persona que nos ha planteado dialogar". Todo eso fue respaldado por el 'Mono Jojoy'. En estas circunstancias es que llegó la muerte del 'Mono', esta fue asumida por la organización, con dolor, pero asumiéndola como una acción de guerra. En las FARC-EP siempre, en la etapa guerrillera, entendimos la muerte como una posibilidad que podía llegar en cualquier momento. La única excepción a eso, puedo decirte, fue la muerte de 'Alfonso Cano', pues esta se produce en otras circunstancias. 'Alfonso' nos duele cada día y siempre que lo recordamos, por haber sido asesinado en un estado de indefensión. No hay vez que no se lo recuerdo, cuando hablo con él, a Juan Manuel Santos.

¿Cómo se entiende para las FARC-EP esta estrategia de palo y zanahoria que desarrollaba el Gobierno?

Nosotros lo veíamos como una estrategia diseñada para hacernos llegar a una mesa de negociaciones lo más débiles posibles. En uno de sus últimos comunicados, el cual nos hizo llegar 'Alfonso Cano', analizando el tema, nos decía lo siguiente: "quieren mi cuerpo inerte extendido en la mesa de negociación". Vistos los acontecimientos hay que decir que eso fue premonitorio. Teníamos claro cuáles eran las circunstancias de acuerdo con lo que nos planteaba el presidente Juan Manuel Santos. Él nos decía, "vamos a hablar, vamos a conversar, pero fuera del país, sin tener en cuenta lo que esté pasando en la guerra y de manera que en la guerra no se tenga en cuenta lo que esté pasando en la mesa".

Ese planteamiento nosotros lo aceptamos. Eran las circunstancias y las condiciones en que estábamos en el momento, pero lo del asesinato de 'Alfonso Cano' nunca lo entendimos. Nosotros, pudiendo atentar contra Juan Manuel Santos, nos pareció nada presentable y entendíamos que no era ético, como tampoco lo era atentar contra el dirigente de un movimiento revolucionario que iniciaba conversaciones con su enemigo. Otra cosa es, tal y como pasó, que nosotros también intentamos realizar algunas acciones de envergadura. Acciones militares en la que hacíamos todo cuanto podíamos, en el marco de la guerra, si bien es cierto que nos encontrábamos muy débiles. Fíjate que, hasta nuestro Bloque Oriental, el bloque insigne de las FARC-EP, para ese momento estaba arrinconado sobre los Llanos Orientales en la selva, en la profundidad de las montañas. Del resto, en lugares de gran presencia guerrillera en el pasado, desde donde llegaban los corredores hacia Bogotá no había ningún guerrillero, como tampoco lo había en el margen derecho del río Magdalena ni en la Sierra Nevada de Santa Marta.

Habíamos perdido el apoyo de la población en esas zonas. Recuerdo al último grupo que tratamos de mantener en la margen derecha del rio magdalena, en donde en el pasado había habido presencia de frentes como el 11, 12, 23, 46, 20, frentes insignes en donde para el 2010 no quedaba nada. Ni un solo guerrillero. Lo mismo pasaba en la Sierra Nevada de Santa Marta y, de ahí, hacia La Guajira o Cesar. Todo eso estaba solo. El Bloque Caribe que conducía 'Iván Márquez' estaba arrinconado hacia la frontera venezolana y prácticamente allí no había una escuadra guerrillera. Y así en diferentes regiones del país en donde si hubiéramos sido capaces, por supuesto, hubiéramos dado golpes duros. Por allá en el 2015, es que logramos retener a un general del Ejército en Chocó lo que genero crisis en el proceso de dialogo que se desarrollaba en la Habana.

Antes de ser abatido Alfonso Cano llegas a ser designado como responsable del dialogo de paz con el gobierno

Sí. Es algo muy poco conocido. Cuando se habla y se toma la decisión de que sí, que le salimos al diálogo, comienza internamente la discusión de cómo integrar la delegación inicial para lo que se llama la etapa secreta. Entonces 'Alfonso Cano' me plantea que yo me ponga al frente de esa tarea. Yo realmente lo recibo con mucho temor, pues esa tarea me parecía de mucha responsabilidad. Demasiada responsabilidad, más en esas circunstancias tan complejas en que se iban a dar. Sin embargo, 'Alfonso Cano' me dijo: "yo lo voy a proponer a usted". Y así fue, me propuso y todos en el Secretariado estuvieron de acuerdo con que yo quedara al frente del equipo. Allí, junto conmigo, estarían 'Mauricio Jaramillo', 'Ricardo Téllez', 'Rodrigo Granda' y, si no recuerdo mal, 'Andrés Paris' y la compañera 'Sandra Ramírez'. Definimos el equipo y se lo transmitimos al gobierno. Al yo estar en frontera con Venezuela no había problema, me podían recoger en cualquier lado, de Venezuela. Es una frontera muy porosa y uno por cualquier partecita se metía. Los otros compañeros debían moverse en función de donde se encontraban en ese momento. El que más dificultades nos suponía era 'Mauricio Jaramillo', que había que recogerlo en el Bloque Oriental.

Yo ya tenía lista y preparada la conformación del equipo, las fechas y los itinerarios para ir y llegar al lado venezolano. Había que caminar dos o tres días para alcanzar un lugar en el cual nos recogería un helicóptero. Todo estaba organizado. Se había alistado la remesa, preparado la carne y definido todo el equipo de acompañamiento. Todo preparado, con los equipos al hombro. Salíamos para el campamento cuando nos llega la nota del gobierno: no se acepta la inclusión de 'Mauricio Jaramillo' en el equipo negociador. Tuvieron el atrevimiento de ir más allá. Nos dijeron que por qué no nombrábamos en el equipo negociador a 'Iván Márquez'. Que nosotros lo que intentábamos con 'Jaramillo' era una maniobra estratégica, para sacarlo de un escenario de operaciones militares y que nuestro objetivo era solo salvarlo. Desde luego, si el Gobierno se iba a poner con esas condiciones todo iba a ser muy complicado.

Aceptan a 'Mauricio' pero nos dicen que la salida por aire no era posible. Eso era un disparate. Cómo se iba a mover por tierra alguien como 'Mauricio', que estaba en los afiches de busca y captura por todos lados. Que en los batallones los soldados jugaban con nuestras imágenes a las cartas. ¿Cómo iba a llegar Mauricio desde Guaviare hasta la frontera con Venezuela por tierra para desde ahí ir a La Habana? Era un sinsentido. Lo cierto es que ese debate de dilató mucho y a la vez estaba la situación difícil en la que estaba 'Alfonso Cano'.

Recordemos que Alfonso llevaba en medio de una operación militar más de un año. En la región de Cauca en la que se encontraba le habían hecho un cerco militar, a la vez que estábamos discutiendo lo de 'Mauricio Jaramillo'. Fue en ese impasse que le llegó un desembarco aerotransportado al campamento. Lo que 'Alfonso' vivió puede ser la odisea más dura por la que pasó un líder en la historia de las FARC-EP. Imagina como 20 días, sobreviviendo sin casi de que comer, bombardeo y ametrallamiento día y noche, les tocó enterrar casi todo, incluidos los radios de comunicación, con apenas un fusil y lo poquito que le llevaban de comer. De hecho, en esas, perdí la comunicación por radio con Alfonso. Fueron momentos de mucha incertidumbre y angustia. Necesitaba su opinión para definir lo del traslado 'Mauricio'. El tira y afloja con el gobierno y, a la vez, sin poder comunicar con 'Alfonso' para tomar la decisión. En esas es que se da la posibilidad de que la Cruz Roja pueda participar en la evacuación de 'Mauricio Jaramillo'. Junto con el gobierno habíamos tomado la decisión que a la Cruz Roja no la íbamos a tener en cuenta por que nos generaba desconfianza. Nosotros no confiábamos en la Cruz Roja porque teníamos el antecedente de la "Operación Jaque", pero es que se necesitaba un ente humanitario, que garantizase su movilización y lo único que había era la Cruz Roja. Así que ante la imposibilidad de comunicar con 'Alfonso' es que yo tomo la decisión. Recuerdo que dije, "asumo la decisión y lo que venga, hasta ver qué sucede con Alfonso y qué dice cuando aparezca". De esta manera es que la Cruz Roja participó para dar salida a 'Mauricio Jaramillo'.

Queda decir que, afortunadamente, 'Alfonso' logró salir de ese cerco y llegar a la parte de Buenos Aires, pero todo fue escapar de un cerco para entrar en otro. Según yo relaciono algunas cosas que conversamos, el error fue quedarse allí, pues con la información que yo manejo y cosas que me contaron gente cercana a él, su propósito real era el de tirarse para la frontera de Ecuador, pensando que yo pudiera viajar allí y conversar personalmente.

Después de los años más duros del Plan Patriota, ante este nuevo escenario, para 'Alfonso' era clave una reunión presencial que, por desgracia, nunca se pudo dar. Quién sabe cuántas cosas hubieran sido distintas si nos hubiéramos podido reunir presencialmente. Él llevaba esa intención, pero finalmente decide quedarse ahí al lado los muchachos de esa región de Cauca para acompañarlos en las acciones militares que se estaban proyectando. El resto ya se sabe. A la vez que se vinculaba a la Cruz Roja para ayudar en la ultimación del equipo negociador llegó el asesinato de 'Alfonso' y todo cambió.

¿Qué supone para ti la muerte de Alfonso Cano?

Ya he explicado cómo lo del 'Mono Jojoy' fue muy duro. Lo de 'Alfonso Cano' también lo fue, tanto para mí como para todos. En lo personal tuve una relación muy buena con él, la cual establecimos desde que llegó a las FARC-EP. Siempre me pareció un hombre muy accesible que siempre lo atendía a uno en el momento que uno le pedía conversar, era sincero al darle las apreciaciones que uno le pedía, así fueran duras. Creo que todo el mundo le apreciaba. Era alguien que no se ponía a dar rodeos. Si uno le pedía opinión se la daba de una vez. Me acuerdo de decirle pues "yo voy a hacer esto y esto" y llegaba 'Alfonso' y le decía su opinión: "eso lo que usted va a hacer está mal por esto y esto" o "así no lo haga porque trae esto y esto de consecuencias". Era un hombre muy humano. A mí me tocó vivir con él varias experiencias duras. Se trataba de un hombre de ciudad que llega al Sumapaz, que era donde se movía el Secretariado de las FARC-EP, llega a lo que después se conoció como Casa Verde, allí comparto con él por primera vez. De hecho, estuvimos juntos en el ataque a Casa Verde. Estábamos preparando una reunión por el páramo de Sumapaz y allí quedamos con nuestros grupos al ladito de Casa Verde. Nos tocan condiciones difíciles, pero 'Alfonso' se enfrentaba a todo eso con la fuerza, la moral y la rectitud que lo caracterizaban. De allí salimos a encontrarnos con Marulanda, hacia la zona de Guayabero, cruzando todo el Sumapaz. Un cruce tremendo, muy duro. Todo ese trayecto que tocó hacer sirvió para profundizar en mi admiración hacia él y mi lealtad como jefe.

Además, 'Alfonso Cano' era alguien muy importante para las FARC-EP, por ser quien manejaba las relaciones por fuera de la organización, con Álvaro Leyva, con las personalidades políticas correspondientes o con la prensa. También elaboraba las propuestas de declaraciones y comunicados. En los días del ataque Casa Verde, se acordó publicar un comunicado X. Su expedición se demoraba porque 'Marulanda' demoraba en salir al radio. Yo le decía a 'Alfonso', "camarada, por qué no sacamos ya el comunicado, que es urgente". Y me respondía, "no, el camarada Manuel no ha dado el visto". 'Alfonso Cano' no hacía nada sin el consentimiento de 'Manuel Marulanda'. Era pura lealtad. Un ejemplo tremendo para todos. Por eso tuve una relación muy estrecha con él, desde cuando asumí la dirección de la Escuela Nacional de Cuadros. En conclusión, vuelvo y le repito, nunca nos quejamos de las muertes que sufrimos en el desarrollo de la confrontación, pero sobre su asesinato todo fue muy doloroso. Nuestras muertes eran producto mismo de los riesgos que corríamos en esta actividad, pero en su caso, su muerte fue en un en estado de indefensión y eso nos dolió bastante.

Juan Manuel Santos siempre asegura que él no dio jamás la orden de matarlo. Sí de actuar contra él, pero esperando que lo capturaran. El tiempo y la historia algún día dejaran en claro cómo sucedieron estos hechos, pero su impacto para nosotros, para nuestra gente, fue tremendo. Habíamos conseguido, desde 2010 parar los golpes duros del enemigo y va y viene ese golpe tan duro contra el jefe.

'Iván Márquez' una vez me contaba que el asesinato de 'Cano' estuvo a punto de romper a las FARC-EP. ¿En qué condiciones asumes la comandancia?

Para mí es nuevo eso que usted me dice de 'Iván Márquez'. Cuando pasaron estos acontecimientos se reunió la dirección la organización de manera virtual, cómo se dice ahora, a través de los mensajes por radio de comunicaciones. Tras la muerte de 'Manuel Marulanda', quedábamos ocho. Entre todos decidimos, discutimos, hicimos consultas para definir a quién le correspondía asumir la jefatura de las FARC-EP. Desafortunadamente, no tengo esa documentación, pero ojalá algún día pueda rescatarla para conocer lo que cada uno dijo. No recuerdo quién fue, pero tras el asesinato de 'Alfonso Cano' alguien dijo, "aquí toca que asuma Timo". Y todos, incluyendo a 'Iván Márquez', dijeron: "sí, que Timo asuma".

En esa situación no es que yo me negase a asumir la jefatura de las FARC-EP. Sinceramente yo no me veía para ese cargo. No porque estuviera mal o no lo pudiera desempeñar, sino porque era una responsabilidad muy grande en medio de una coyuntura sumamente compleja. Algo parecido sentí cuando tiempo atrás, en la organización, me nombraron, por ejemplo, director de la Escuela Nacional de Cuadros de las FARC-EP en marzo de 1984, pero era una coyuntura distinta. Me ayudaron mucho las lecciones que aprendí del 'Mono Jojoy' en el pasado, como también de 'Pablo Catatumbo'.

Me acuerdo de que estando con Pablo recién ingresado, el ya llevaba 4 años, rompiendo la compartimentación: "¿Usted quién es?, ¿de dónde viene? Y nos contamos cada uno de donde veníamos. Al final me dijo: "Yo solo le recomiendo una cosa, hermano, aquí uno viene a ser el mejor y hay que tener mucha modestia. A aprender para ser el mejor en lo que lo pongan. Si le ponen a hacer arepas, el mejor haciendo arepas. Si le ponen a disparar o a hacer una exploración, el mejor en eso. Esa siempre debe ser la meta y solo se consigue aprendiendo de la gente". Esas palabras se me quedaron grabadas. Lo que sucedía que esta decisión era de otro tipo, de una responsabilidad mayúscula. Al que nombrasen, además, pasaría a ser el centro de atención de todos los organismos de seguridad del Estado.

Lo cierto es que todos los integrantes del Secretariado FARC-EP teníamos un equipo multidisciplinario de los organismos de seguridad del Estado listo para matarnos en todo momento. En mí caso lo tenía más o menos ubicados. Eso tenía un nombre, aunque no lo recuerdo. El asignado mí estaba ahí, en Río de Oro, en la zona fronteriza con Venezuela. Por eso cuando sale Uribe y llega Santos y normaliza las relaciones con Venezuela buena parte de estos grupos fueron levantados.

Lo primero que propongo es continuar con una dirección colectiva, tripartita, más para esquivar de primeras una decisión así. Sin embargo, lo pienso y realmente era un planteamiento impracticable, pues en una organización militar como las FARC-EP había principios inquebrantables, y uno era el mando único, aunque lo combináramos con la dirección colectiva que representaba el Secretariado. Aun con esa dirección colectiva se hacía necesario un mando único que, en últimas, tomara la decisión, pues hay cosas que no se pueden estar discutiendo indefinidamente porque en medio está la vida de la gente y de la propia organización. Sobre este debate termino escribiendo una carta sobre la aceptación de la jefatura de las FARC-EP, si bien buena parte de su contenido fue filtrado a la prensa. Sospecho quien fue, pero no tengo la certeza. Recuerdo que esa carta apareció en El Colombiano mientras solo había circulado entre nosotros. Me acuerdo que cuando la escuché por la radio le dije a 'Rodrigo Granda': "nos tienen, ahora sí, interceptados".

¿Qué decía esa carta?

Cuando asumo la dirección de las FARC-EP todos estaban de acuerdo, porque nadie expresó inconformidad con mi nombramiento. Cuando digo que sí asumo, pongo una única condición: que me den dos meses de margen antes de hacer el anuncio público de que voy a asumir la comandancia de la organización. Dos meses porque entiendo que es el tiempo que necesito para conocer el estado general en el que nos encontrábamos, ver cómo me movía de donde estaba porque sabía que las FFMM tenían conocimiento de por dónde me encontraba. Dos meses que no fueron ni dos días porque 'Iván Márquez' publicó el comunicado, lo cual me dejó sin palabras. Eso me hizo sopesar todo. Lo primero pensar, "no me muevo". Para qué me iba a mover y correr riesgos innecesariamente cuando en el área que disponía yo tenía el absoluto control. Tenía localizada a la gente de la Inteligencia que iba tras de mí, tanto en Colombia como en Venezuela. Tenía hasta las fotos de muchos de ellos, de quienes me andaban buscando, intentando localizar nuestro campamento. Conocí un documento oficial donde el comandante de una de las Brigadas del Ejército que operaban allí informaba sobre la imposibilidad de ubicarme con precisión, decía que todos los agentes que se enviaban contra mí fracasaban.

Es cuando me digo: "toca asumirlo y hacerlo bien, con la colaboración de todos, y en medio de las dificultades objetivas que teníamos". Tenía que tratar de hacerme la idea global de nuestra situación y valorar con profundidad el reto del diálogo y asumir la primera decisión: "sí al diálogo o no al diálogo". Ojalá se logren rescatar, algún día, los documentos que acompañaron a esa decisión, porque te insisto, nadie se opuso. Claro que se dijeron cosas. Recuerdo al propio 'Iván Márquez' decir que cómo íbamos a negociar sobre la sangre aun caliente de 'Alfonso Cano'. Un 'Alfonso Cano' que, como decía antes, expresamente nos dijo: "quieren mi cuerpo inerte encima de la mesa de diálogo". Jamás se hizo una propuesta de romper la organización. Los términos de esa discusión fueron siempre los de discutir sobre qué hacer con la propuesta de dialogar. Incluso yo hice una reflexión. Sin ser creyente, partí de esta idea: "qué nos diría 'Alfonso Cano' si nos pudiera hablar". Traté de reflexionar cómo y desde el pensamiento de 'Alfonso', de forma seria, acogiéndome a lo que nos había dicho en su última etapa, y retomando el contenido de unos vídeos en los que él mismo plantea lo que ha de ser un diálogo. Esos videos, si uno los ve con detenimiento va a encontrar claros mensajes subliminales, que creo que Juan Manuel Santos, en su momento, recogió. Mi reflexión es que si en ese momento Alfonso nos hubiera hablado hubiera dicho: "háganle, háganle por encima de lo que pasó y echen para adelante, busquen la salida política".

Cuando hice ese planteamiento nadie se opuso. Nadie tiene una sola prueba de una mínima oposición, aun cuando teníamos algunas dificultades en la comunicación con 'Joaquín Gómez', por su paranoia con las comunicaciones por HF, que se reportaba cada dos o tres meses –paranoia además injustificada–. Pero el propio Joaquín dijo, "Ah, sí, bueno, listo. De acuerdo". Con esto lo que le quiero decir que jamás dijo que se estuviera en desacuerdo con algo. Todo lo contrario. Igual 'Iván Márquez'. Que de acuerdo con que 'Timo' fuera el jefe y de acuerdo con iniciar el diálogo. Incluso, en esas circunstancias todos sabíamos que se buscarían llevar algún cuerpo inerte más a encima de la mesa de negociación de cualquiera del Secretariado, pues esas eran las reglas del juego. Nosotros igualmente buscamos obtener victorias militares, pero las limitaciones eran evidentes, ninguno puede decir que se le orientó no actuar, fuera de la orden de suspender lo del atentado a Santos y a Uribe.

Relacionado con este tema, nunca estuve de acuerdo con las propuestas de atentar contra Santos y contra Uribe. Una de mis primeras decisiones, cuando tengo conocimiento de algo que está ocurriendo en Cauca. Por allí pasan cosas raras, que hay un grupo que actúa de manera cuestionable, y que no era de las FARC-EP, pero los protegíamos. Comienzo a preguntar a los mandos que tenían que ver con esta estructura, a querer saber de qué se trata, y acabo sabiendo que es un grupo que tenía ubicado 'El Paisa' para atentar contra Álvaro Uribe. Que estaba haciendo inteligencia para atentar contra él. Al saberlo, de inmediato doy la orden: "eso me lo desmontan y nada de protegerlos". Nada de atentados. Esa decisión jamás me la perdonó 'El Paisa'. Él estaba convencido de la posibilidad y la necesidad de matar a Uribe y yo le dije: "a eso no le jugamos en las FARC-EP". Hay acciones armadas que desarrollar, bases militares que tomar o altos mandos de las FFMM que están en las regiones y en los batallones, pero a los atentados como ese no les vamos a jalar.

Y, por tanto, quiero señalar que si hubo dificultades, pero no oposiciones con respecto o negativas a el respaldo al diálogo. Asimismo, seguí con algunas prácticas de la jefatura de 'Alfonso Cano', como el enviar circulares a la gente, aunque me daba cuenta de que no llegaban a todo el mundo. Esto, no por culpa de uno, sino de los mandos de algunos bloques que frenaban las comunicaciones y no las hacían llegar a todos los frentes, impidiendo que llegaran al último guerrillero. Seguí dándole continuidad a esa práctica, exigiendo que los contenidos llegasen a toda la organización, además, dando la oportunidad a que la gente me escribiera a mí también.

Teníamos un método para eso que, no era infalible, pero era un método computarizado de comunicación que iba cifrado y sobrecifrado, del cual estoy yo completamente seguro que hasta ese momento nunca fue descifrado. La prueba de esto es que cuando murió 'Marulanda', nosotros intercambiamos comunicaciones sobre qué hacer y cómo manejar este hecho. El muere en marzo y solo lo comunicamos el 27 de mayo de 2008. Dos meses después. En ese tiempo estuvimos hablando, tomando decisiones que quien iba para este bloque o para este otro, etc. La información solo se filtró un par de días antes de la comunicación oficial, por la indisciplina de un camarada que se puso a hablar de ello por un canal que no debía. En el Catatumbo, donde yo estaba, nos pasábamos toda la información por radio HF y jamás tuvimos un bombardeo que se hubiera debido a ello. Sufrimos uno, pero en otro lugar, y debido a las indisciplinas de unos camaradas que se pusieron a comprar computadores a gente extraña o haciendo llamadas por teléfono que no debían. En conclusión, siempre consideré que el enemigo no sabía nada de la información que intercambiábamos por esta vía encriptada. Por eso di la instrucción de que la gente que quisiera pudiera escribirme. Hay notas muy bonitas y reflexiones muy interesantes que se dieron por esta vía. Entonces, vuelvo y le digo, se lo repito, esa crisis con la que empezábamos la pregunta sólo estaba en la imaginación de 'Iván Márquez'.

Entonces, sobre estas circunstancias, ¿cómo fue que terminó 'Iván Márquez' como jefe del equipo negociador de las FARC-EP?

Nosotros vamos a una reunión de consulta que nos permitió Juan Manuel Santos, la cual hicimos en Isla La Orchila, en Venezuela, donde estuvo preso, por cierto, Hugo Chávez. Allí nos reunimos un grupo cuadros que estaban cerca de la frontera con Venezuela, pues Santos no quería que para ello movilizásemos a gente que estaba en el interior del país. Hay videos de ese encuentro. Santos quería saber sobre la agenda y sobre cuál iba a ser el camino. Cómo íbamos a asumir el proceso y con qué equipo. Para ese momento nosotros teníamos que definir los cinco nombres principales, cinco suplentes más el equipo de apoyo. A esa reunión me acompaño de 'Martín Villa', que era un histórico de las FARC-EP fundador del cuarto Frente y en los años 80 integrante del Secretariado –y en ese momento miembro de la dirección del Bloque Oriental–.

Comenzamos el debate donde debíamos definir el jefe de la delegación nuestra que iba a La Habana. En el primero que pensé fue en 'Pablo Catatumbo'. Integrante del Secretariado y estaba al frente del Bloque Occidental, liderando las unidades en las que había estado 'Alfonso Cano'. Sin embargo, por eso mismo no podía ser. Acababa de pasar lo de 'Alfonso' y él estaba al frente conducción de la situación allá que no era fácil. El otro que consideraba idóneo: 'Pastor Alape'. En vida de 'Alfonso Cano', y a propuesta mía, 'Pastor' fue enviado al Bloque Noroccidental, el cual tenía dificultades por la conducción errada que le dio 'Iván Márquez', pues había quedado aislado y sin comunicación. 'Pastor' conocía bien la zona del Urabá. La gente le conocía y le tenía mucho respeto. Teníamos todo un corredor en la zona del Magdalena Medio que iba del aérea de Yondó, Segovia, Remedios en el nordeste antioqueño a Urabá. 'Alfonso Cano' estuvo de acuerdo con mi propuesta y por eso 'Pastor' en ese momento iba llegando a ese Bloque a trabajar con esas unidades que estaban totalmente desorientadas, por lo que tampoco podía ser nombrado jefe de la delegación.

El otro que podía sumirlo estaba al frente del Bloque Oriental, después de la muerte de 'Mono Jojoy', era 'Carlos Lozada'. Tenía internamente, una labor muy difícil. El bloque había sufrido una importante degradación en algunas estructuras, de manera que 'Carlos' tuvo que llevar a cabo todo un proceso de formación y trabajo directo con la gente, por lo que considerábamos que si lo sacábamos de donde estaba descabezábamos el Bloque Oriental y eso nos iba a dar más problemas todavía.

Otros nombres entre los posibles: 'Joaquín Gómez'. Realmente, él estaba al frente del Bloque Sur tras la muerte de 'Raúl Reyes'. No funcionaba mucho como jefe, la verdad. Para decirlo sinceramente, no lo veía con la capacidad para asumir tamaña responsabilidad. Una cosa era ser integrante de la delegación y otra conducir las negociaciones. El que quedaba era, por tanto, 'Iván Márquez', que había terminado en la jefatura del Bloque Caribe, arrinconado en la cordillera del Perijá, en la frontera con Venezuela. Como alrededor de

'Iván Márquez' había algunos cuadros buenos, como 'Solís Almeida' o el mismo 'Bertulfo Alvares', también integrante del Secretariado, nos garantizaba que su ausencia no iba a afectar el funcionamiento del Bloque. Es así es que finalmente llegamos a la conclusión, por todo esto, de que lo mejor era que la jefatura de la delegación recayera en 'Iván Márquez'.

¿Cuando asumes la comandancia de las FARC-EP eres consciente de que vas a llegar a firmar un Acuerdo de Paz con el gobierno de Colombia?

Decir eso suena muy pretencioso. Lo que dije, cuando asumí la comandancia de las FARC-EP, es que teníamos ante nosotros una tarea que era doble: por un lado, la negociación y, por el otro, mantener el desarrollo de la actividad de la organización y el funcionamiento y la planificación para los diferentes bloques. Tomé dos decisiones prioritarias. Primero, reorganizar las FARC-EP. Había que reevaluar los planes y en especial ponerle freno a ciertas conductas de nuestra gente que nos estaban haciendo daño. No recuerdo exactamente las palabras, pero me refería a una especie de cualificación, porque lo que captaba y lo que me llegaba es que, en cierto modo, nos estábamos "lumpenizando", y eso no podía seguir. Había que superarlo. Por otro lado, había que reestablecer la fuerza y reorganizar el sentido de la misma, y a la vez ir transmitiendo lo que estaba pasando y para dónde íbamos, informar sobre el proceso de diálogo. Por eso cada paso que se daba en La Habana, cada documento que se discutía con la contraparte se le hacía llegar a los bloques junto con las apreciaciones que se tenían al respecto Recuerdo las palabras de un comandante que, desafortunadamente, murió en medio de todo eso, que me decía, "camarada, este es el proceso de paz en donde más información hemos tenido".

Todo lo que se discutió en La Habana se transmitía. Los documentos de discusión en la mesa se enviaban. Mandábamos todo por Radio HF, documentos de 5, 10, 15, 20, 100 páginas. No era teléfono, ni Internet. Era a través de la señal del radio HF la cual se le conectaba un computador. Esta señal no era fácil de localizar con precisión, al menos en aquel momento. Nuestra gente estaba enterada de qué se hacía. Yo mismo les informaba: "mire, allá pasó esto; hay este debate; el Gobierno se está planteando esto; nosotros estamos aquí discutiendo esto otro". Eso sí, pero decir que yo fui el comandante de la paz sería muy pretencioso, a la vez que falso, pues todo fue siempre gracias a la dinámica y esfuerzo del trabajo colectivo.

Sí, claro, pero para eso es necesario trabajar en una cohesión interna, en las FARC-EP que, tras la muerte de Alfonso Cano, no era tan evidente

Sobre eso no creas que he pensado mucho. Es verdad que se trabajó mucho para llegar, como llegamos, a la X Conferencia Guerrillera. Ese encuentro fue gracias a un trabajo de cohesión de la organización. Yo era, en general, muy conocido entre todo el cuerpo de mandos. Primero, por mi trabajo con el Bloque Oriental, pero también por el trabajo en el nivel nacional de la organización. Por la Escuela pasaron todos los mandos que, con el tiempo, terminaron de jefes de frentes de las FARC-EP, incluso en la dirección de Bloques. Algunos como 'Solís Almeida' o 'Aldemar Altamiranda' en el Caribe, muchos en el Bloque Sur y demás, fueron compañeros míos en la Escuela Nacional. Yo les formé, les di clase, les di charlas. Conseguí que la gente me tuviera respeto. Me vieron en diferentes momentos recorriendo regiones. En algunas nunca estuve, como en el Cauca o el Urabá, pero sí anduve en otras como el Magdalena Medio o el sur de Bolívar. Por allí caminé e intercambié con muchos mandos, de modo que creo que es un trabajo que incidió mucho en lo que sucedió después. Aparte, siempre fui muy directo. Hablaba siempre con el lenguaje guerrillero. También en La Habana, donde tuvimos discusiones muy fuertes. Cuando hablaba lo hacía sabiendo lo que la gente estaba diciendo, y de frente, nunca por debajo de cuerda como, por dar nombres propios, hicieron 'Iván Márquez' y 'Jesús Santrich'. Algunos camaradas me avisaron e incluso me dijeron, "camarada, póngase usted en función de lo mismo oriente a los que los respaldamos". Pero no, yo no trabajo así, yo digo claro y directo lo que siento y pienso, como se lo dije en su momento a compañeros como 'Gentil Duarte' en La Habana.

Tú apoyaste su llegada al Bloque Oriental, por lo que tengo entendido

'Gentil Duarte' ingresó en el Caguán, cuando estábamos con el 'Mono Jojoy' por allá, en 1982. Cuando él llega a La Habana a integrar la delegación yo tenía algo pendiente de preguntarle, pues quería conocer su versión de un hecho que impactó mucho. Cuando estábamos en lo del intercambio humanitario y se iba a liberar a Clara Rojas, quien había tenido un hijo con un guerrillero en una relación consensuada, valga la aclaración, en esos tiempos en que estuvo secuestrada, se suponía que saldría junto con su hijo. A recibirla vino una delegación internacional muy nutrida en cabeza del presidente de Argentina Néstor Kirchner. Vaya sorpresa cuando el 'Mono' nos comunica que el niño no está con ella, pero que 'Gentil' ya lo había mandado a recoger de donde lo tenía –suponía uno que por seguridad lo tenían en la casa de algún campesino–. Comienzan a pasar las horas y el niño no aparecía y vino a aparecer en manos del presidente Álvaro Uribe. Toda esa ya es historia conocida. Lo que se suponía iba a ser un acto de buena voluntad nuestra que nos iba a posicionar políticamente se convirtió en el "oso" más grande. Quedamos en ridículo ante el país y el mundo. El 'Mono' siempre culpó a 'Gentil Duarte'. De ahí que la primera pregunta que le hago es sobre ese tema y él me da una versión distinta, exonerándose de responsabilidades y más bien expresando resentimiento hacia el 'Mono'.

Cuando al 'Mono Jojoy' lo matan estaba haciendo una serie de reevaluaciones del trabajo, de los mandos y las estructuras. Al 'Mono Jojoy' lo matan en una reunión de toda la comandancia del Bloque Oriental. Allí estaban todos ellos menos 'Gentil Duarte'. El 'Mono Jojoy' no lo citó: ¿por qué? Gentil Duarte no quería estar en La Habana. Quería irse a trabajar en el frente. Yo le dije en una asamblea allá en la Habana ante toda la delegación que tenía mis dudas, porque estaba seguro de que lo que iba a hacer 'Gentil' era bajar la moral a la gente, cuando lo que necesitábamos era que la gente apoyase el proceso y creyera en el diálogo. Íbamos a mandar al Bloque Oriental a alguien que iba a desmoralizar a nuestra gente.

Pero en realidad, he de decir que Gentil nunca armó debate, ni cuestionó nada en las reuniones donde debatíamos sobre el tema del proceso. Yo sabía lo que andaba diciendo en contra de lo que estábamos haciendo, pero nunca lo dijo de frente. Por supuesto, a veces había dudas. Había que cuestionarse las cosas, como lo enseña el materialismo dialéctico como nos enseñó Jacobo Arenas. Ver y valorar cada decisión, pensar en si es la acertada o si es que no hay otra mejor. Siempre, sobre la base de tesis y antítesis se marcaban los debates, pero nunca nadie, ni 'Gentil Duarte' ni nadie propuso romper el proceso o incumplir lo que en La Habana se había acordado.

A veces llegaba Iván Márquez a las reuniones permanentes que hacíamos de equipo de dirección todo desesperado, cuestionando cosas. Alguna vez, incluso, lo vi tan desesperado que le dije "Bueno, pues entonces nos regresamos al monte. Armamos el plan y nos regresamos". Y la respuesta era, "no, no, tampoco vamos a buscarle la comba al palo". Claro, todos incluido yo, veíamos algunos temas con temores. Por ejemplo, por decir algo, el tema del Sistema Integral de Verdad, Justicia y Reparación. Suscitaba muchas dudas y temores. Pues fíjese como son las cosas fue el mismo 'Iván Márquez' quien me concertó una reunión con Enrique Santiago en donde me convenció de las bondades del sistema. Con eso quedé convencido y siempre lo he defendido con los argumentos que me dio Enrique en ese momento. Siempre había preguntas y por supuesto temores, y no faltaba quien te decía o te planteaba los peores escenarios: nos van a jugar sucio y nos van a meter en la cárcel. Fíjese que en estos momentos estamos avizorando como la JEP se está desnaturalizando perdiendo el espíritu con fue construida, pero sabíamos que ha eso nos arriesgábamos sobre la base que tenemos todos los instrumentos y la bases para trabajar en función de que eso no vaya a pasar.

Era difícil trabajar así. A veces, en momentos clave, como cuando nos dimos la mano con Juan Manuel Santos, en eventos del proceso que marcaron hitos para avanzar, es donde entre aplausos de toda la gente, llegaba 'Jesús Santrich' desmarcándose, diciendo, "eso es una mierda". Nunca lo hacía en los debates. Recuerdo que ese los días varios periodistas que escucharon aquello y me preguntaban mi opinión les dije, "miren, no le paren bolas a los locos". Claro que los hechos posteriores demostraron que era una "locura" deliberada y calculada.

Todo lo que me estás contando evidencia una gran dificultad pata contener la cohesión interna en las FARC-EP

Algunas reflexiones que estoy haciendo en voz alta es fruto de esta conversación. Pues sí, uno diría entonces que nos manteníamos agarrados, pero no, porque primero no era mucha la audiencia o apoyo que tuvieran los críticos del Acuerdo y porque, además, nunca hacían los debates de frente. El mejor ejemplo de esta afirmación que hago es que llegamos a la X Conferencia de las FARC-EP y ahí creía yo que allá el debate iba a ser muy duro. Sabía del trabajo soterrado que venían haciendo 'Iván Márquez' y 'Jesús Santrich'. Llegué y me dije, "vamos a ver cómo se da este debate…". Para mi sorpresa, no hubo debate. Todos expresamos temores y miedos válidos, lo que es más que natural. Nos tocaba definir la nueva dirección que iba a preparar el Congreso que nos convertiría en partido político. Yo quedé en la comisión que le debía presentar a la conferencia la propuesta de la nueva dirección. Ahí también quedó 'Gentil Duarte', y éramos como unos ocho. En la comisión expresé mi opinión de que no podíamos reelegir a varios de los de la anterior dirección. Ofrecí mis argumentos, pero además planteé que era la oportunidad de incluir cuadros jóvenes y en especial mujeres que se venían destacando en los últimos años. Recuerde que llevábamos más 15 años sin renovar la dirección, y entre los nombres que descarté para incluir fue el de 'Jesús Santrich', siempre con mi estilo sincero, honesto y desprevenido.

Igualmente propuse descartar a los que se la habían pasado buena parte del tiempo cuestionando lo que se hacía en La Habana. Pues esa dirección debía trabajar en el tránsito a la vida política y hacerlo en función del congreso del que surgiría el partido político heredero de las FARC-EP. Considerando todo esto hice mis propuestas, a las que nadie se opuso en la comisión. Es así es que la llevamos a la plenaria y ahí sí que se armó el debate. Allí aparecieron todos los resentimientos y aspiraciones personales, pero sin argumentos de peso y nada contra el Acuerdo mismo. La mayoría fueron argumentos descalificadores. Incluso alguno hasta me trató de dictador. Muchos camaradas, ya en el receso, al caer la tarde, me dijeron, "tranquilo camarada, que mañana es nuestro turno; mañana hablamos nosotros".

Recuerdo que esa misma noche nos convocó para una reunión 'Iván Márquez', quien quería hablar y discutir lo que estaba pasando. Decía que mi propuesta lo que hacía era dividir a la organización y dividir el futuro partido. Mi argumento era el mismo una y otra vez. Si vamos a tener un proceso de paz serio, debatamos. Votemos uno por uno quien debía quedar en la dirección. Con argumentos. Explicando por qué sí o por qué no. Era el momento, después de tantos años sin encuentros presenciales, marcados por la guerra y la confrontación, lo cual había permitido también el que muchos cuadros quedaran sumergidos. Era un momento que debíamos aprovechar para promocionar a compañeros y compañeras que merecían ser parte de esa dirección provisional en aras de llegar a nuestro congreso. Yo estaba seguro de que, al día siguiente, con los argumentos que ofrecía, ganaría ese debate.

Más tarde volveremos a eso. Echando la vista atrás, ¿puede decirse que la contención de la cohesión fue un éxito?

Bueno, yo creo que el resultado fue positivo. Aun con todas las dificultades que uno observa e identifica cuando es la cabeza de una organización, la cohesión quedaba patente cuando, por ejemplo, la organización entra en la etapa pública del diálogo y se comienza a avanzar en la agenda y se hacen evidentes los gestos como los ceses al fuego unilaterales nuestra gente siempre cumplió. Incluso, en momentos de dificultad, como lo que sucedió a comienzos de 2015 en Buenos Aires cauca, hecho que nunca se investigó con total profundidad lo que pasó ahí. Uno veía que se avanzaba y que nuestra gente cumplía, dando estabilidad al proceso, a la discusión interna, y a que el Secretariado en su conjunte mantuviera, formalmente, una posición unívoca. Esa realidad, he de señalar, que yo percibí que a Iván Márquez nunca le terminó de gustar. Había gente en el equipo de negociación que tenía un gran peso y que a Iván le incomodaban. Nunca lo hizo claro públicamente, pero yo me daba cuenta de sus maniobras. Tanto, que un día me dije: "hay que cambiar a 'Iván'. Hay que sacarlo de ahí".

Ese día me puse a sopesar la decisión: "no pasa nada si sacamos a 'Iván Márquez' de ahí". El problema era por quién. Me acerqué al camarada 'Pastor Alape' y le dije: "Hermano, estoy pensando en que usted asuma la conducción de la delegación. Necesitamos al frente de esto alguien que esté verdaderamente comprometido y no alguien que públicamente diga una cosa y después, por debajo, esté haciendo la contraria". Tuve una larga discusión con 'Pastor Alape', pues también es mi gran amigo. Siempre debatíamos y nos decíamos las cosas como pensábamos. Después de discutir el tema me convenció de que no era una decisión acertada. No sé hasta qué punto fue bueno de que me convenciera en aquel momento, pero lo hizo. Él me decía que el proceso de diálogo ya tenía una dinámica que dependía de lo que el colectivo definía, de manera que eso iba más allá de 'Iván Márquez'. En cualquier caso, sobre todo en el último tiempo, yo estaría ahí presente, no como negociador, pero sí entre bambalinas.

¿Uno de esos gestos que mencionas puede ser la notabilísima reducción de acciones de las FARC-EP durante el diálogo aun sin cese al fuego suscrito?

Si le soy sincero, nunca había pensado en eso. Reflexionando en voz alta creo que en eso confluyen varios factores. Siendo sincero, nuestra capacidad militar en ese momento estaba muy diezmada. No había derrota ni sentimiento de derrota. Nosotros trabajábamos en las FARC-EP con un norte estratégico, que fue con el que yo traté de guiarme siempre, pero también había asumido como una necesidad inmediata, como parte de un proceso, la importancia de recomponernos, de cuidarnos, primero de que no nos maten, pero también, y esto es muy importante, de ir depurándonos de la *lumpenización* que anteriormente le mencionaba. Todo esto se da también en este tiempo. Había algunas unidades que tocaba revisar con mucho tacto, por las condiciones regionales de la confrontación y sus vivencias. Por ejemplo, el Cauca o el Catatumbo eran realidades muy concretas. Yo pude verlo y vivirlo. Todo este trabajo, en medio de un proceso de diálogo daba ánimo y moral a la gente que, cada vez más, pensaba en la paz y no en la guerra. Conseguimos romper el cerco político que habíamos sufrido durante décadas y la gente empieza a sentir que valía la pena, lo cual termina repercutiendo a como se vivió todo en los años 2014 o 2015, por ejemplo. La recuperación de ese estado de ánimo nos obliga a rendir homenaje a todos esos muchachos que creyeron en el proceso y que aún hoy, después de todas las dificultades e incumplimientos, lo siguen haciendo, a pesar de las circunstancias que atravesamos.

¿Qué me puedes decir sobre los momentos más difíciles que atravesó la negociación?

El más difícil ya lo hemos hablado. Fue todo lo que vino tras la muerte de 'Alfonso Cano'. Había muchas dudas y había que tomar decisiones. Yo mismo dudaba también, lo cual hoy puedo reconocer con sinceridad. Es que íbamos a dialogar con Juan Manuel Santos. El tipo que había ordenado mandar a matar a nuestro jefe en las condiciones en las que lo hizo. Esto ya puede ser tema para otra entrevista, pero se trata de algo que yo he hablado muchas veces con el expresidente Santos. Claro que esto no se reduce a un soldado que dice "aquí tengo a Cano", y el presidente que dice, "mátenlo". Pero es algo sobre lo cual faltan muchas cosas por decir y responsabilidades por reconocer. Desde luego todo lo que pasó fue fruto de unas dinámicas que se dan en la confrontación y que muchas veces se sale de las manos de sus propios protagonistas.

Otro momento muy complejo fue cuando estuvimos discutiendo, de manera secreta, la definición de la agenda. De eso nadie sabía nada, al margen de los camaradas que estaban allí, liderados por 'Mauricio Jaramillo', y que nos dijeron: "esto fue lo que logramos. Estos seis puntos. No pudimos más". Con esos puntos tocaba nuevamente discutir y decidir qué hacíamos. Nadie dijo en ningún momento que eso no sirviera, había que decidir qué hacíamos y si le apuntábamos a la paz, había que trabajar con delicadeza para que eso no se quebrara. Contaba con las posiciones a favor de 'Carlos Antonio', de 'Pablo Catatumbo' y de 'Pastor Alape'. 'Iván Márquez' quien asumía la vocería de 'Bertulfo', sin decir que estaba en contra simplemente dijo que esa era una agenda vidriosa. Lo que indicaba que no había consenso frente a una decisión de tanta envergadura. Es por esta razón que inicialmente les escribí a todos para decirles que no habría nada y que seguíamos la guerra.

Esto va a ser un pulso duro, durísimo, pero hagámosle. Era la agenda que se podía y no era la agenda del Caguán, pero esta vez uno le veía objetividad y mayores posibilidades para que la paz se volviera realidad. Ese componente de realidad era muy importante, porque uno puede querer, por ejemplo, cambiar el modelo económico, en un país como este, es pura ilusión hacerlo en una mesa de negociación con la correlación de fuerzas del momento. Teníamos que trabajar desde la posibilidad y la realidad, no en el deseo, la búsqueda de consensos, integrando el mando único nuevamente con la dirección colectiva. La sapiencia siempre pasó por saber combinar ambas cosas. Yo eso lo aprendí de 'Marulanda', quien era muy estricto con lo del consenso. La dificultad estaba en que en la realidad no había un claro consenso, pero tampoco había disenso expreso. Esa noche le dí, vueltas y vueltas a esa decisión. Pensaba en 'Marulanda'. En 'Jacobo'. En 'Alfonso'. Estaba claro que la mayoría habíamos expresado nuestro apoyo a un posible acuerdo, a trabajar con esa agenda así fuera "vidriosa", por lo que hice la comunicación oficial al día siguiente: "como tantos y tantos están de acuerdo con la agenda, vamos para adelante". En definitiva, esa fue la mayor dificultad. Saber si nos medíamos a una posible salida política y, por ello, a una negociación con el gobierno. Creo que fue lo más acertado que hice. De lo contrario, a saber dónde estaríamos ahora.

¿Cree que faltó algo imprescindible que no se pudo negociar?

Temas peleamos muchos, pero eso fue lo que se pudo. Uno de los temas más complicados, en donde ha habido dificultades por la falta de precisión, por ejemplo, fue con la reincorporación. Está el tema de la entrega de tierras, porque si negociamos el desarrollo de proyectos productivos cabría esperar que tenga todo el sentido que eso requiere de la entrega de tierras para quienes se reincorporan. Más que grandes temas son especificidades de ese tiempo. De esto poco se ha dicho. En la etapa final, antes del cierre del proceso, hubo el famoso conclave entre las delegaciones de las dos partes, en agosto de 2016. Los negociadores estuvieron cuatro o cinco días encerrados para finiquitar los últimos detalles del Acuerdo; sin salir, trabajando día y noche. La delegación negociadora quedó distribuida en grupos en función de los temas que establecía el Acuerdo. En el grupo de implementación estaba 'Jesús Santrich'. Nunca hubo nada de autocrítica a lo negociado. Ese era el momento de haberlo precisado o enderezado. Pero nada. Ahora pienso que quizá nos faltó analizar con detenimiento algunos temas como el que le comento de la reincorporación. Los tiempos políticos apremiaban. Sin embargo, lo cierto es que el espíritu y la letra de lo deseado y posible de alcanzar está ahí recogido, pero ya el problema es la interpretación que de ello han hecho los gobiernos y frente a lo cual sostenemos un pulso muy fuerte.

¿Cuál fue el papel de los actores internacionales en el proceso de negociación?

Nunca hubiera habido Acuerdo de Paz sin el papel y la intermediación y el acompañamiento en diferentes momentos de Cuba, Venezuela y Estados Unidos. Nunca se ha valorado suficiente la aportación que hizo Hugo Chávez al proceso de paz de Colombia. Sin Chávez no hubiera habido Acuerdo. Entre el gobierno y nosotros había mucha, mucha desconfianza. Nosotros pensábamos que el gobierno nos quedaría llevar a una situación en la que nos pudieran golpear militarmente, por lo que Venezuela aportó mucha confianza y seguridad al proceso. Cuando Santos no propone el dialogo y que le respondimos afirmativamente pusimos como condición que Chávez nos sirviera de garante y apoyo, para nosotros solo podía ser Chávez. A eso, el presidente Santos, inicialmente, se negó: "No. Chávez es muy bocón. Esto tiene que ser secreto". Respondimos: "No hay diálogo". Así pasaron meses. Tuvo que pasar tiempo hasta que el presidente Santos reflexionó. Habló con Chávez, creo que en Brasil, y este rápidamente le dijo que sí, que contara con él. Yo le he dicho a Santos que nunca se ha reconocido suficientemente lo que hizo Venezuela. No se imagina cuánta gente participó y cuánto nos movimos entre Colombia y Venezuela durante la etapa secreta. Yo creo que hay que valorárselo. Chávez supo seleccionar muy bien la gente que tenía que estar alrededor de todo esto. Nunca se filtró una información. Si no llega a ser por él nada hubiera sido posible, pues para nosotros era una línea roja.

Después está Cuba. Solo planteábamos tres escenarios para dialogar: Colombia, Venezuela y Cuba. Eso ya nos lo había orientado, en su momento, Alfonso Cano. Con Cuba teníamos el temor porque se nos hacía muy lejos y nos daba miedo quedar aislados. Es por eso por lo que en la agenda quedó claro que, aunque estaba La Habana, los diálogos se podían llevar a otras capitales de América Latina, llegado el caso. Eso nunca sucedió. Cuba nos dio todo. Todas las comodidades, con un sacrificio enorme en las condiciones de vida materiales que sufre por el bloqueo. Nos dieron todo a las dos delegaciones; también al gobierno, no solo las FARC-EP. Todos teníamos de todo y eso se lo escuche a reconocer general Óscar Naranjo. En Cuba teníamos seguridad y mucho respeto. Algunos tenían el temor de que los cubanos nos presionaran en la negociación, pero solo eran prevenciones. Tanto Cuba como Venezuela nunca se inmiscuyeron en los temas de negociación. Siempre respetaron las decisiones que tomábamos. Claro que teniendo en cuenta su experiencia era normal que definiéramos por cuenta propia solicitarles su opinión frente un tema en específico.

Por ejemplo, en el tema del monitoreo, el seguimiento y la verificación. Estábamos en una disyuntiva: si el monitoreo y seguimiento al Acuerdo lo debía realizar el Consejo de Seguridad de la ONU o por la Asamblea General. Uno busca tener el mayor número de elementos de juicio, por lo que me dije, "hombre, los cubanos son unos magos de la diplomacia y conocen muy bien ese mundo de la comunidad internacional; consultémosles a ver qué opinan". La opinión que se nos hizo llegar es que Cuba recomendaba Asamblea General. Seguimos recogiendo más opiniones y finalmente decidimos, nos vamos por el Consejo de Seguridad. La Asamblea era más democrática, pero se demora mucho en la adopción de decisiones. Esa decisión la adoptamos en contra de la opinión de los cubanos, la cual habíamos pedido. Si pedíamos una opinión nos la daban, nunca críticas o cuestionamientos a lo que hicimos.

Finalmente, queda Estados Unidos. Siempre supimos que cualquier proceso de paz que tuviese lugar en Colombia necesitaría de la bendición de Estados Unidos. Así como tuvo una gran incidencia en la guerra y la confrontación, era un actor clave en la paz. El gobierno de Juan Manuel Santos no haría nada sin su bendición. En la agenda de negociación había temas muy sensibles como el narcotráfico. Es muy importante el decir que Estados Unidos estuvo muy presente en el proceso, desde el mismo comienzo, pero a su manera. Es decir, de forma indirecta inicialmente. Luego nombraron oficialmente un observador que cada veinte días o un mes llegaba a La Habana a conversar con las delegaciones, a hacer seguimiento, era una persona con el que se podía hablar. Siempre me dejó impresionado, pues ese tipo era el representante del imperialismo y allí estaba, en frente nuestra. Era el enemigo, quien, desde Marquetalia, Riochiquito, El Pato, Guayabero a través del Plan Lazo había buscado destruirnos. La posición de Estados Unidos permitió que todo llegara a buen puerto.

¿Qué problemas destacarías sobre lo que desde entonces ha sido el Acuerdo de Paz?

Ahí está el primer punto de ese Acuerdo. Un punto neurálgico que ha estado en el trasfondo del conflicto armado desde siempre y que es el problema de la tierra. El uso y la tenencia de la tierra. No fue fácil porque inicialmente nosotros hicimos una reunión de consulta, que esto es muy importante recordarlo porque a veces la gente lo olvida. En esa reunión de consulta ya dispusimos de más cuadros que llegaron de Colombia traídos del centro del país. Para dar la discusión Santos nos permitió llevar más gente, y en función de eso trazar las líneas rojas. Eso era parte de nuestro argot. Igual que Juan Manuel Santos desde el comienzo dijo que había líneas rojas, pues nosotros también nos inventamos nuestras líneas rojas. Hay que decir que esas líneas rojas nos tocó traspasarlas en el caso de la tierra porque siempre soñamos con la reforma agraria radical. Ese era sueño con que se inició las FARC en Marquetalia, recordemos el programa agrario como el sustento político del alzamiento armado de las FARC. Pero la realidad nos mostró otra cosa completamente distinta. Eso define por la correlación de fuerzas y de las condiciones política, este tema fue neurálgico, a ratos era muy difícil avanzar, en el país se desarrollaron foros cuyas conclusiones llegaron a la Habana y a través de los municipios se establecieron rutas para recoger propuestas, había dispuesta una página virtual, aunque, de acuerdo con el dicho campesino, "le buscamos la comba al palo" como pudimos y lo logramos.

Ese fue un tema neurálgico, si bien todo era muy importante. De hecho, ninguno de los temas de la agenda se resolvió en dos o tres meses. Todos fueron muchos meses e incluso años, como pasó con el tema de víctimas. Siempre había nuevas cosas que no se habían tenido en cuenta, o temas muy complejos para la realidad existente. La gente tiene la falsa idea de que nosotros arrancamos el proceso con todo un plan preconcebido, eso sí, el norte siempre lo tuvimos claro, y que eso mismo fue lo que se plasmó en la negociación. Nosotros arrancamos con la idea de buscar la salida política, con una agenda muy limitada, que tenía elementos claves como la tierra y la democracia.

Para el tema de víctimas, siempre lo he repetido, estaba el paraguas de la Corte Penal Internacional y el Estatuto de Roma. Elementos que no manejábamos muy bien y que cuando comenzamos a manejarlos y darnos cuenta de lo que implicaba, supimos que era imposible que el proceso fuera como los anteriores, con amnistías e indultos generales, sin más. Allí no podía haber amnistías e indultos a no ser que decidiéramos vernos la cara con la Corte Penal Internacional.

Entonces buscarle la salida a eso fue muy difícil porque el gobierno, o por lo menos la delegación negociadora del gobierno, tenía la idea que nosotros teníamos que asumir la responsabilidad de todo lo que ha pasado en el conflicto, como si hubiéramos sido los únicos participantes del mismo. Por eso duramos más de un año ahí, dando vueltas y vueltas, haciéndonos propuestas hasta indecentes, con el cuento de que asumiéramos toda la responsabilidad como Secretariado de las FARC-EP. Estaba el precedente de Justicia y Paz: 8 años sería lo máximo de privación de libertad y les "descontamos" los años que llevan aquí en La Habana negociando. Le digo lo siguiente: si hubiéramos aceptado eso, hoy en día estaríamos libres, tranquilos. Nosotros no vinimos a intercambiar impunidades, fue nuestro planteamiento, fue muy difícil porque no encontrábamos la salida. El punto de inflexión llegó cuando el presidente Santos me planteó que recibiera a su hermano, Enrique Santos. Por supuesto, yo lo recibí y fue que comenzamos a discutir del tema y a avanzar en el mismo.

Otro momento muy complicado que recuerdo fueron los acontecimientos de comienzos de 2015, en Buenos Aires (Cauca). Aquel fue un momento muy difícil y complejo porque al gobierno se le olvidó que había puesto la condición de que en Colombia siguiera el conflicto como si no hubiera negociación y en La Habana la negociación como si no hubiera conflicto. Cuando pasó aquello todo el mundo se nos vino encima, hasta el Gobierno, casi que con amenazas de ruptura del proceso. Tal vez no de manera directa, pero sí con insinuaciones. Se generó un ambiente mediático en todo el país que fue muy difícil de manejar. Es en ese contexto, por volver a lo anterior, que se da la conversación con Enrique Santos. Él nos traía una propuesta, ya discutida con el presidente, con la idea de crear una subcomisión con especialistas del tema para que presentara una propuesta a la mesa de diálogo. A eso le dije rápidamente que sí, pero con una sola condición: "que no se veten nombres". Enrique Santos me dijo, espere que llamo al presidente. Efectivamente, llamó y le dijo que listo, que íbamos para esa mesa a partir de una propuesta de tres nombres que hacía cada parte. Y eso fue lo que permitió salir de ese embrollo. En prácticamente tres meses esa subcomisión presentó una propuesta a la mesa, la cual fue lo que se conocería como Sistema Integral de Verdad, Justicia y Reparación. Trabajó incesantemente, reuniendo a mucha gente, con personalidades extranjeras, asociaciones de víctimas y hasta con la participación de Juan Manuel Santos.

¿Quiénes conformaron esa comisión a instancias de las FARC-EP?

Eran Álvaro Leyva, actualmente canciller del gobierno de Gustavo Petro; Diego Martínez, histórico defensor de Derechos Humanos y miembros del Partido Comunista y, finalmente, Enrique Santiago, prestigioso jurista español. Esos eran los tres de parte nuestra. A Álvaro Leyva lo conocí de cuando los primeros diálogos con Belisario Betancur, allá por 1984 o 1985. Sabía de su interés en el tema y de que era un hombre muy conocedor, pero también de los recelos de Santos hacía él. Es por eso por lo que insistí desde el principio en no vetar nombres. De lo contrario, lo hubieran vetado seguro.

Puedo decirle, volviendo a lo anterior que el SIVJR fue lo que salvó la patria. Enrique Santiago duró conmigo como dos sesiones explicándome las bondades de la propuesta. Tras ello me convenció, aunque hubo cosas que renegociar, pero aun con todo, queda la sensación de que acertamos. Fue un acierto. Mientras, como le decía, en Colombia teníamos los sucesos de Buenos Aires, en Cauca, en donde el gobierno, en actitud de venganza bombardeó un campamento que estaba en curso sobre pedagogía de paz. Allí estaba 'Jairo Martínez', que había estado negociando en La Habana, y que le habíamos mandado a Cauca para que hiciera pedagogía con nuestra gente. Se confió y, por bajar la guardia, le metieron un localizador y le cayó un bombardeo. Allí hubo como 40 muertos y varios heridos, entre ellos, 'Jairo Martínez'.

Fue un momento muy duro, pero nuestra gente lo entendió, aunque nunca se justificó por que fue una acción de retaliación. Desafortunadamente era la guerra, aunque sería bueno que algún historiador profundice sobre lo que pasó. Lo de Buenos Aires, Cauca, según dice el informe que elaboraron nuestros compañeros fue una violación del Ejército, que realizó una acción ofensiva, al que se le respondió con una acción defensiva nuestra. Eso nunca se investigó porque parece que (el Ejército) estaba garantizando la seguridad a una carga de cocaína.

Otro momento que merece la pena mencionar es el concerniente al secuestro del general Alzate. Ahí también hubo un nuevo conato de ruptura de las negociaciones por parte del gobierno. El General ingresa a una zona de guerra y se encuentra con nuestra gente que nos estaba en función de acciones ofensivas. Lo que pasa es que nunca se juzgó igual a las dos partes. Eso del principio de que "en Colombia como si no hubiera diálogos y en La Habana como si no hubiera conflicto" solo funcionaba y se exigía a las FARC-EP, nunca al gobierno. Ese incidente, por suerte, lo sorteamos bien, gracias al equipo de 'Pastor Alape'. Lo convertimos en una victoria, pues demostramos la voluntad de paz que tenían las FARC-EP y contribuir al convencimiento de que estábamos solo por la solución política.

Otro momento más, no sé si lo hemos comentado, es cuando se fue a firmar el cese al fuego y el presidente Santos y yo sellamos el momento con un apretón de manos en La Habana. A mí me dicen a última hora que debo acudir a ese evento porque iba a estar Santos e iba a ser muy importante. Me encontraba en un campamento, afectado por dengue. Llegué como a la 1am a La Habana y me senté de una con la delegación nuestra. Allí me informan de que el gobierno estaba tratando de poner una fecha para el cierre de la negociación para sellar el Acuerdo. No estaba de acuerdo. Eso era una locura. Tras discutirlo quede convencido de que la reunión con Santos iba a ser para definir eso. Me acuesto tras la reunión y ya faltaban poca horas para iniciar el evento. Al llegar al centro de convenciones, lo primero es que me encierran a solas con Juan Manuel Santos en una oficina. Había que romper el hielo y empezamos a hablar, personalmente, nunca nos habíamos encontrado. Era la primera vez que estábamos el uno frente al otro. Empezamos a tratar temas y temas. No hablábamos del tema en cuestión así que le dije directo: "Presidente, tengo entendido que nosotros estamos aquí para definir lo de una fecha para el cierre del Acuerdo y yo quiero decirle que eso es fatal. Para nosotros es fatal porque si cerramos la fecha y no se puede cumplir, es decir, cerrar el acuerdo ese día, ustedes tienen los medios de comunicación de su lado, los manejan y darán la versión que les convenga, responsabilizándonos de lo que pase, más allá de cuáles sean las razones". Continué siendo directo: "Presidente, es válido que en este proceso de negociación ustedes traten el que nosotros salgamos lo más disminuidos políticamente posible. Lo más desgastados. Eso es válido porque es política y porque nosotros buscamos salir con el mayor espacio político posible. Es por eso por lo que decisiones como la fecha de cierre nos pueden dejar una situación bastante difícil para nosotros de manejar".

Juan Manuel Santos se puso furibundo y me dijo, bastante molesto: "No, entonces yo aquí a qué vine, ¿a hablar babosadas? Si ya hay un acuerdo de las delegaciones se le pone fecha de cierre: el 23 de marzo de 2016". A eso volví a responderle con franqueza: "Presidente, yo tengo otra versión, yo tengo la versión de que eso está por definir". A eso prosiguió diciendo que, de haberlo sabido, no hubiera venido. Mientras me decía eso, iracundo, me acordé de la "silla vacía" en el Caguán. Le propuse que lo mejor era que llamásemos a nuestros respectivos responsables de las delegaciones negociadoras. Que él llamase a Humberto de la Calle y yo hiciera lo propio con 'Iván Márquez'. Así lo hicimos y mientras llegaban, continuamos charlando de cosas banales, pero con un claro trasfondo de tensión. Llegaron De la Calle y 'Márquez' y cuál es mi sorpresa cuando, efectivamente, constato el que se había llegado a un acuerdo para el establecimiento de la fecha. Me habían engañado. Me sentía engañado, pues eso nunca me lo dijeron y lo máximo que sabía era que eso estaba por definir. Ese fue un momento difícil porque si me mantenía en mi posición podía tirar al traste todo lo que habíamos conseguido. Lo entendí y lo que quedó fue un acto en La Habana muy emotivo y bonito, estimulante para todo el mundo y que deja como foto el apretón de manos con Santos.

Y quedaban otros momentos, como el día del plebiscito

Nunca quisimos eso del plebiscito. Eso fue cosa de Santos. Siempre nos opusimos. Considerábamos que era un riesgo innecesario. En cualquier caso, creíamos que eso no se podía perder, aunque, por si acaso, había que tener un plan b. Ese día de los resultados del plebiscito yo debía comparecer en La Habana, y me había preparado el qué decir si se ganaba, pero también la línea de acción si no se hacía. Se perdió, y aunque todo se recondujo, esos momentos iniciales fueron muy duros por todo lo que se había luchado y trabajado en favor del proceso de paz. Estábamos preocupados, pero lo cierto es que Juan Manuel Santos ese día fue de un gran apoyo. De inmediato, nos mandó un mensaje: "pase lo que pase esto va para adelante". Eso nos dio confianza. Estábamos en modo Acuerdo de Paz. Estábamos con nuestra gente preparándose para la dejación de armas, desarmando la estructura militar, pero con las armas en la mano. Gracias a la confianza ya construida superamos este difícil trance y por eso el acuerdo se cristalizo.

Antes de llegar a ese momento hay algo que no hemos mencionado: la reunión del Estado Mayor Central que se celebra en La Habana, en 2015, en el que se debe decidir si se firma el Acuerdo o si no

Fue muy bonito. Llevábamos 15 años sin podernos reunir como dirección de las FARC-EP. ¡15 años! Lográbamos reunir a todo el Estado Mayor de la organización, que éramos 31, y además invitamos como a 20 y pico cuadros importantes para que estuvieran en la discusión y aportaran al debate. Ese encuentro se pudo dar gracias a Juan Manuel Santos, a Venezuela y a Cuba. Hay que darle todo ese reconocimiento, pues permitió recoger a toda la gente que estaba en el interior del país. Venezuela se encargó del traslado a Cuba, y Cuba nos acogió con toda su generosidad. Usted no sabe, desde el punto de vista económico, la cantidad de recursos que asumió Cuba. Fue un encuentro especial. Hubo brindis y el volver a ver a amigos y conocidos con el propósito de compartir un momento especial y anunciar que nos íbamos para el Acuerdo.

El pleno arrancaba a las 9 de la mañana. No recuerdo si desde el primer día o el segundo, cada uno presentaba los informes que se podían hacer. Eran 15 años y había que hacer balance de muchas cosas. Sin embargo, había que centrar la discusión sobre lo fundamental para saber qué decisiones íbamos a adoptar. En medio de la conversación, yo guardo el cuaderno en el que tomaba mis notas. Apuntaba el nombre de quien intervenía, a qué hora lo hacía, y qué ideas principales se aportaban. Mi última anotación es de las 11:15-11:20. Lo siguiente a eso es despertarme en un hospital 3-4 días después. Había estado muerto 40 minutos. Desperté en el hospital, y entre los médicos había mucha preocupación por las secuelas, pues era mucho tiempo sin oxígeno para el cerebro. No sabían en qué condiciones iba a despertar. Sin embargo, me desperté bien. Hasta me acordaba del pleno, pero no de qué había sucedido. Perdí tres días de memoria. Recuerdo de la casa en la que me alojaba esos días, que nos sentamos en una terracita y elaboramos el orden del día. Me acuerdo de que discutimos los criterios como organizar el pleno y nos fuimos para el brindis. Hasta ahí llego. Del resto se me borró todo y nunca lo he podido recordar. Parece ser que fue in infarto. Que el corazón se paró. Los cubanos me dijeron, literalmente, que había sido un milagro. Cuarenta minutos son cuarenta minutos, hasta que la última reanimación hizo que el corazón latiera nuevamente.

Entonces, ¿cómo es que transcurre ese encuentro sin usted?

Me tocó esperar a recuperarme de todo aquello, yo di la instrucción de que continuaran con el pleno, que era lo importante. Sin embargo, me respondieron que no, que la gente había tomado la decisión de no arrancar ese pleno hasta que yo pudiera estar presente. Eso suponía un tiempo prudencial que, nuevamente, exigía de otro esfuerzo económico grande para Cuba. Me recuperé y acudí al pleno. Para responder a qué se discutió en ese pleno, lo primero que le puedo decir es que hubo posiciones de mucha preocupación. En realidad, todos las teníamos. Creo que todos manteníamos esa misma tensión. Nos acostábamos y nos levantábamos con esa angustia. ¿Esto nos irá a salir bien?, ¿Será que sí, será que nos matan? Toda compartíamos esa angustia, pero la realidad es que había que poner los pies en la tierra y decidir cuál era el camino. Allí ni uno sólo dijo que nos devolviéramos a las armas. Nadie. Por supuesto, hubo discusiones e inquietudes de cómo podían darse ciertas cosas, pero nadie dijo "regresemos al monte". El balance de lo ocurrido en los últimos 15 años no era el mejor. Parece que hay a quien se le olvida que cuando nosotros arrancamos el proceso de negociación estábamos aislados políticamente. Los amigos más leales nos saludaban de lejitos. Conseguir que un médico atendiera a un enfermo nuestro no era nada fácil porque la situación en Colombia era compleja. Además, el tema del secuestro extorsivo y del secuestro de militares, no nos había dado réditos políticos, nos había desprestigiado.

De todo eso hablamos en el balance. También hablamos de la degradación que habían sufrido prácticamente todos nuestros bloques, aunque unos más que otros. Todo ese análisis se hizo someramente porque no lo podíamos abordar con profundidad. También hablamos de los golpes tremendos que habíamos sufrido. No estábamos rendidos. Tampoco acabados ni desmoralizados. Veíamos cosas positivas en la situación política y también en cómo se venían dando los flujos de la lucha popular, pero nadie, repito, nadie, allí dijo que hubiera que volver a la guerra. Yo sí dije que si alguien lo consideraba debía tener en cuenta que lo primero sería un plan para reiniciar. Algo que no era fácil y que ya había reconocido en algún momento anterior de la negociación, que no recuerdo cuál es exactamente, en el que dije: "aquí, hermanos, ya no hay marcha atrás". Tocaba jugarnos todo al proceso, porque si volvíamos a la guerra la bandera de la paz quedaría exclusivamente en manos del gobierno, y no podíamos dejarnos arrebatar eso. Si en ese momento hubiésemos vuelto a la guerra, ya sin espacio político, hubiéramos sido una guerrilla muerta, autodestruida.

Allí también dije que era el momento de tomar la iniciativa pues aún en el diálogo el interés del gobierno sería que saliéramos de allí con el menor espacio político posible. Es por eso por lo que planteé los ceses unilaterales y tratar de convencer a nuestra gente de cumplir. Fuimos manteniendo eso mes a mes. Suspendimos los cursos de formación militar. Suspendimos la fabricación de explosivos y también la parte de los ingresos. Eso nos daba más legitimidad y nos fortaleció. Por algún lado deben estar las actas de ese pleno, pero vuelvo y le digo, allí no encontrará a nadie diciendo de volver a la guerra.

Lo importante es que se cerró esa posición común y se logró caminar hacia la difícil firma del Acuerdo

Imagine si fue difícil después, sobre todo, el día del plebiscito. Aquello nos dejaba nuevas preocupaciones. Yo ahora eso lo veo en otra perspectiva, porque en el momento eres el comandante jefe de las FARC-EP. Tienes una responsabilidad sobre un proyecto. Sobre muchas vidas. Sobre muchas expectativas. La responsabilidad no te deja entristecer. Claro que me llamó mucha gente llorando. Muchos me mandaban todo tipo de mensajes, con frustración, con lástima, con preocupación.

Como ya señalé, el mensaje de respaldo que nos dio Santos fue muy importante. Nos dio seguridad, confianza y convicción de que esta vez no nos la iban a jugar. Otra cosa es que Santos, como político avezado que es, no supiera perfectamente que eso podía pasar. No había tiempo para la desesperación, había que ponerse a trabajar de manera inmediata en ver cómo dar una nueva salida a todo. Se volvió a la discusión y se recogieron 58 planteamientos de un total de 60 que había venido planteando la oposición. Así es que como se llegaría el Acuerdo al Teatro Colón. Era un acto diferente, como más distinguido, como más elitista. No era el estar con el pueblo, como había sido la firma en Cartagena. Sin embargo, estaba la misma sensación de responsabilidad. De hacer un llamado al optimismo. También hago mención de la importancia y necesidad de un gobierno de transición, que sin embargo se distorsionó. Con aquellas palabras yo trataba de hacer un llamado de atención porque al gobierno de Santos le quedaba poco tiempo, y lo que ocurriese después iba a ser fundamental para lo que comprometía dicho Acuerdo. Lo más importante iba a quedar para el siguiente, para el que llegase después de Santos, y es por esa razón que planteo la necesidad de un gobierno de transición.

Siendo la contraparte necesaria para la firma de ese Acuerdo, ¿por qué no recibiste el Nobel de Paz?

Poco he hablado de esto. No he hecho lo que he hecho por un premio. Para mí el premio es lograr el Acuerdo y hacer que se implemente de aquí en adelante es el mejor premio. El reconocimiento no debería ser para mí. Si hubiera un reconocimiento, en todo caso, sería para la gente que estuvo detrás y trabajo para que el Acuerdo se lograse. Siempre en todas las responsabilidades que asumí en las FARC-EP, las cuales nunca busqué, sino que me fueron llegando, recordaba unas palabras de 'Jacobo Arenas'. En una entrevista decía lo siguiente: "señores periodistas, ¿ustedes saben por qué yo hablo con la fuerza con que hablo? ¿Ustedes saben por qué habló con el convencimiento con que hablo? Porque detrás de mí hay miles de hombres y mujeres que se están sacrificando y están exponiendo su vida por esta idea". A mí eso me caló mucho. Entonces yo siempre pensé eso, que cualquier premio que tuviera que venir no sería para Rodrigo Londoño, sino para el conjunto de hombres y mujeres que sacamos adelante este proceso en medio de todas las dificultades y en medio de todos los aciertos y desaciertos. En todo caso, por el Nobel en concreto, siempre dudé de cualquier posibilidad, pues la naturaleza de esta oligarquía colombiana no se cambió con el Acuerdo y su firma. Santos es un digno representante de esta clase de dirigentes con la salvedad, que no es poca, de no ser de extrema derecha. Es una derecha "pro-paz", que llamamos nosotros. Ya después uno pudo saber que, en realidad, se hizo lobby para que eso no se fuera a dar a las FARC-EP. Aunque sé de mucha gente que presionó para que el premio fuera compartido, hubo todo un lobby en contra, para que no sucediera.

Y lo siguiente es la llegada de Iván Duque a la presidencia de Colombia. ¿Esperabas que fuese el saboteador de la paz?

Sí. Siempre tuvimos miedos a la hora de arrancar el proceso, de dar los primeros pasos o de negociar en La Habana. Las implicaciones y los retos eran muy grandes. Aunque nunca lo expresé, mi mayor miedo llegó cuando escuché a Iván Duque en su toma de posesión. No podía expresarlo por la responsabilidad que tenía, pero cuando escuché sus palabras me dije: "esto va a ser demasiado duro; demasiado complicado; ojalá seamos capaces de soportarlo". Mis mayores temores fueron tras la llegada de Duque, aunque afortunadamente logramos sortear sus dificultades y oposiciones. Aparte, nuestros apoyos se mantuvieron, como le he reconocido privada y públicamente a Santos, pues él y su gente nunca nos dejaron solos y aún hoy siguen pendientes de cómo va la implementación. Esa manera, desde diferentes sectores, de apoyar el Acuerdo de Paz ha sido muy importante. Organizaciones de masas y gente que expresó su apoyo y respaldo al Acuerdo era para nosotros estimulante, pero, sobre todo, una muestra real de que no nos equivocamos creyendo en la paz. El Acuerdo estaba bien hecho. Estaba bien blindado. Y pudo soportar los incumplimientos, las trabas y los ataques que le propinó la extrema derecha durante los años del gobierno de Iván Duque. Sabíamos que, si quedaba bien blindado, los ataques y disparos que le llegasen iban a ser resistidos. A pesar de toda la artillería en contra que dispuso el gobierno de Duque, no lo pudo romper. En ese tiempo se aguantó todo tipo de dificultades, pero también con ellas logramos ganar en experiencia. Un ejemplo es la extradición. Ese era uno de nuestros grandes temores. Duque hubiera estado encantado de hacerlo, pero el hecho de que no pudieran hacerlo con 'Jesús Santrich' –tras el proceso judicial que instó la Fiscalía General de la Nación– era una muestra de que los términos del Acuerdo estaban bien cerrados.

En paralelo a esas dificultades llegan otras no menores: la aparición de las primeras disidencias de 'Gentil Duarte'

Eso nos genera una frustración muy grande. Sobre esto he hablado poco. No doy nombres, pero en realidad, yo ya había previsto ese fenómeno. No que fuese a darse como se dio, ni con la fuerza en que lo hizo, pero sí sabía que iba a llegar. No hablo de esto desde La Habana, pero 'Gentil Duarte' ya entonces mantenía muchos corrillos, echando cuentos, desmoralizando a la gente. Decía que yo me oponía a que regresara a Colombia, pero es que en Colombia necesitábamos gente que creyese en el Acuerdo y no gente que no lo estuviera. Era el momento de motivar a nuestra gente y no de todo lo contrario. Uno no es adivino, pero viendo ciertas actitudes traté de dar algunas orientaciones, aunque nunca se aplicaron. Me da pena porque a 'Gentil Duarte' lo conocía desde su ingreso en las

FARC-EP. Anduvimos trabajando los dos en el Caguán y siempre le tuve un alto estima. En la última etapa no le iba bien. Estaba en el Bloque Oriental y el 'Mono Jojoy' –como dije previamente– ya le tenía controlado por ciertos comportamientos que no le gustaban. El hombre era un mando en el que el 'Mono' ya no confiaba. Como le decía antes, de ello da cuenta que en la reunión con mandos del Bloque en la que muere el 'Mono Jojoy', el único ausente era 'Gentil Duarte'. Mucho tiempo después es que supe por qué no lo convocó. No confiaba en él.

¿Es algo comparable o similar a lo que supuso la creación de Segunda Marquetalia?

Eso también es muy doloroso, pero es otro tipo de dolor. De pronto, es un dolor más fuerte. Con 'Iván Márquez' tuvimos muchas dificultades desde el principio. Prácticamente fue jefe de la delegación negociadora por sustracción de materias, y la vinculación de 'Jesús Santrich' fue con la misma idea. Él, 'Santrich', siempre en los corrillos cuestionaba lo que se orientaba o decidía hacer. Era más de insinuar y, sobre todo, de poner trabas por aquí y por allá. Recuerdo la primera reunión de consulta, que hicimos en La Orchila, en Venezuela. El planteó el tema de salir con la propuesta de una Constituyente, apoyado por 'Iván'. Yo estaba en desacuerdo. No por la Constituyente en sí que, por supuesto era un elemento muy importante, sino porque no era el momento. Era quemar una bandera antes de tiempo de forma innecesaria. Ahí perdió mi postura. Se votó de forma colectiva y la mayoría estaba de acuerdo con 'Iván Márquez', aunque luego no tuvo ningún impacto.

'Iván Márquez', en su forma de ser, era una persona compleja. Hacía amigos, los recogía, casi siempre, personas con dificultades. Era de buscar las lealtades personales. Trabajaba mucho eso. Con él mantuvimos muchos debates y en varias ocasiones yo mismo le dije: "si hay alguna cosa que nos quieras decir, dínosla". Eso se lo dijimos poco antes de la captura de 'Jesús Santrich'. Si está pasando algo o hay algún problema, háganosla saber. Cualquiera, y más en un proceso como éste, puede meter la pata. Nuestra posición era salir de todo tipo de entrampamiento con él. 'Iván Márquez' disfrazaba las cosas haciendo ver que lo que había era una diferencia ideológica, casi siempre, escondiendo información o no haciendo saber lo que realmente sabía.

Un día yo tenía una entrevista programada con una emisora colombiana., creo que para las 5am. Era algo bien temprano. Estaba pendiente de atenderla cuando me llamaron a las 4am al teléfono. Creo que era W Radio, pero no lo recuerdo. Me llaman y me dicen que les adelante algo sobre el vídeo que había aparecido sobe la Segunda Marquetalia. ¿Qué? ¿De qué video me hablan? ¿Hay un vídeo de 'Iván Márquez'? No conocía nada de lo que estaba sucediendo. Les pedí que me dejaran ver el vídeo con calma. Lo busqué y, efectivamente, ahí estaba el pronunciamiento de Segunda Marquetalia, a finales de agosto de 2019.

Era una lástima por muchas cosas. Era poner en bandeja de plata para la derecha los instrumentos necesarios con los que destruir el Acuerdo. Era difícil creer aquello, cómo eso contribuía a destruir el Acuerdo para la derecha. Salir con de la Segunda Marquetalia era, por decirlo directamente, una bestialidad. Me preocupaba también cómo eso iba a impactar en la gente. En quiénes los conocía. En quiénes se fueron con ellos. Ellos, para mover aquello, trabajaron desde las lealtades personales. Muchos compañeros me llamaron para decirme que Iván Márquez les había planteado ir a Segunda Marquetalia. Ellos, me consta, contactaron a mucha gente. A gente de todos los sectores, pero por suerte no se sumaron a eso. Gente de la que ellos sabían o conocían. Hay quienes retomaron a las armas, equivocadamente, creyendo ser revolucionarios convencidos, pero la mayoría lo hizo desde las lealtades personales que 'Iván' y 'Jesús' fueron construyendo con el paso del tiempo.

Esa dificultad también la superamos y creo que se debe a que actuamos con inteligencia. Era muy duro ver estos grupos que emergían, sobre todo, en un momento de mucha dificultad para el Acuerdo, pero había que contener la pasión. Aún hoy, pese a todo, yo no pienso mal de 'Iván Márquez'. De hecho, creo que hay que darle un espacio para que retorne y ponga fin a su episodio de violencia porque lo de Segunda Marquetalia es un grave error. Me acuerdo cuando hizo, por ejemplo, ese anuncio de que ahora no iban a matar policías y soldados, sino que la guerra era con la oligarquía. Ese tipo de proclamas eran de otro tiempo, aparte de ser un discurso viejísimo que era propiedad del M-19. De hecho, faltan muchas cosas por decir y por saber. Lo del atentando que ellos intentan armar hacia mí. Es episodio muy triste y doloroso, ver que cómo lo prepararon con exguerrilleros que fueron buenos, a 200 metros de donde yo dormía con mi compañera se encontraron las armas. Es triste saber que estaba orientado por él –'Iván Márquez'– y por 'El Paisa'. Eso duele mucho, pero por suerte no lo pudieron cristalizar. Creo que por muchas cosas acabó siendo un hombre frustrado por su propia forma de ser.

¿Qué me puedes decir del paso de guerrilla a partido político al interior de las FARC-EP? ¿Cómo se gestionaron todas estas diferencias?

A las dificultades propias de un proceso de esas características se añaden otras que, a modo de hechos coyunturales, marcan el devenir de los acontecimientos, tal y como sucede con mi accidente cerebrovascular. Cuando firmamos el Acuerdo asumimos el proceso de dejación de armas, allá en el municipio de Mesetas. Yo tenía un plan definido. Tenía el propósito de ir a todos los sitios en donde estaba concentrada la gente, en las zonas veredales, y pasar dos, tres, cuatro días en cada una para hablar con nuestra gente. El gobierno respalda la iniciativa y me pone un helicóptero a disposición para realizar esa gira. La idea era partir desde Mesetas e ir a Remedios, en Antioquia. Visitar la zona veredal de Carrizales que se instaló allá cómo primer paso para visitar todas las otras.

El helicóptero no podía cruzar la cordillera andina porque estaba muy nublado, por lo que regresamos a Villavicencio. En esa noche me da el accidente cerebrovascular. Se me paraliza el lado izquierdo del cuerpo y la cara se me tuerce. Todavía en ese momento había muchos temores, desconfianzas y por eso de ahí salgo para Cuba, que era nuestro lugar de confianza. Mientras eso pasa está el proceso de transformación y preparación del partido, por lo que no pude estar presencialmente en algunas decisiones que se tomaron. Tan pronto me recupero regreso de Cuba a participar en el congreso fundacional del Partido. Los médicos me habían dado una licencia de 8-10 días, por lo que no participo del pleno previo. Pido permiso y me voy a ver a mi hermana, que tenía 15 años más que yo. Yo tenía la necesidad de verla, pues hacía 40 años que no lo hacía. Ella estaba viva todavía y ante lo que pudiera pasar, después de tanto, quería estar con ella. Pido esa autorización y cuando regreso me encuentro la sorpresa de que 'Iván Márquez' está armando grupos y estimulando debates sobre temas que ya habíamos decantado.

Empecé a ver lo que se estaba tramando, cómo 'Iván Márquez' y otros estaban manipulando y, finalmente realizamos el Congreso adonde llevan las algunas de las discusiones que ya veíamos venir en función de enredar la toma de decisiones de manera consensuada. Lo que más me dolió fue la bajeza con la que se actuó. El debate de ideas siempre me parecerá bueno, sano e interesante, pues uno no siempre tiene la razón y se puede equivocar. Pero cuando el debate se da con bajeza, con grupitos que se ponen a gritar en mitad de la discusión del congreso, sacando pancartitas con letreros provocadores, cantando proclamas del tipo ¡viva el marxismo-leninismo!... esa no había sido nuestra práctica.

Se produjo la elección de los cargos de dirección del partido y eso también me dolió. Si algo yo he procurado desde que entramos a este proceso fue el buscar que la democracia fuese democracia de verdad. Que la gente tuviera oportunidades de hacer un planteamiento, de defender sus ideas y del dialogo constructivo en el marco del respeto y de las normas. Para mí la elección de la dirección debía de ser una cosa muy transparente. A última hora me tocó ir a la carrera con unos compañeros que me ayudaron a diseñar cómo era que iba a ser el proceso de conformación para que fuera lo más transparente posible. Para ello, la propuesta que hice que los representantes de la comunidad internacional fueran los que hicieran de veedores de esa elección.

La cosa se empieza a complicar con trampas e intenciones que no eran sanas. Recuerdo, por ejemplo, el debate sobre el tarjetón de la votación. Ciertos aspectos de esta se empezaron a dilatar y ellos jugaron muy bien con los tiempos. Por ejemplo, ante la falta de acuerdo nos vinieron a decir que había que decidir porque debíamos entregar el salón de la deliberación a las 7pm, cuando apenas estábamos empezando. Se movió a las 10pm. Viendo las dificultades lo que dije es que si hacía falta nos sentábamos en la avenida. La elección se termina y se termina. Eran formas de presión que hizo todo más complejo. Gente que desde afuera del congreso llamaban a los delegados a presionarlos por quien debían votar o no votar.

Llega el primer pleno de la nueva la dirección del partido. Yo escribo una nota que, creo recordar, se hizo pública. Yo decía que aún estaba en el proceso de recuperación del accidente y me faltaban unos meses para recuperarme del todo, por lo que les proponía que me dejen "ahí, quietico". Es decir, que no me asignaran ninguna responsabilidad y que cuando ya me recuperase, regresara y asumiera las responsabilidades que me correspondieran y que la dirección del partido me asignase. Me quedo pendiente con la maleta lista para salir a Cuba cuando me dicen esa misma tarde que hay un tremendo debate; que la gente me proponía para presidir el partido y que contaba con la mayoría. Que 'Iván Márquez' estaba colocando a su gente y que se estaban diciendo cosas que no eran justas ni ciertas sobre mí. Decidí aplazar la salida un día y, convaleciente como estaba, me fui para el debate. Pues no hubo debate. Al otro día 'Iván Márquez' y 'Jesús Santrich' simplemente no fueron a la reunión convocada por ellos mismos. Ante los asistentes fui claro. Quiero saber si la mayoría me quiere como presidente del partido. Expuse mis razones y terminé diciendo que, si la mayoría lo deseaba, yo presidiría el partido, pero que asumiría después que me pudiera recuperar.

Regresé de Cuba, recuperado, y allí estaba la dirección, tomando decisiones. Eran cosas importantes. Por ejemplo, los cargos de representación de las FARC-EP en el Congreso. A mí alguien me adelanta que me quieren proponer como candidato presidencial. Para mí eso no tenía sentido alguno y no era una información oficial. En una reunión de la dirección me tiran oficialmente la idea de la presidencia, a la cual me opuse. Seguro que, en la propuesta, algunos como 'Carlos Antonio Lozada' actuaron con bondad –de hecho, nunca lo he hablado con él– pero desde el comienzo sabía que era una argucia nuevamente de 'Iván Márquez'. Yo sabía que eso no tenía sentido y me quemaba políticamente, aparte de que soy consciente de qué podía aportar y hasta donde verdaderamente podía llegar. Con esa decisión 'Iván Márquez' quería apagarme políticamente. Aun así, dije, después de todo, que adelante.

Además de la oposición con Iván Márquez, después llegaron otros flancos de ruptura al interior del partido

Muchas fueron lealtades políticas que se fueron dando a la calladita. Eso viene del trabajo de 'Iván Márquez' desde La Habana. Muchos intervenían con los mismos argumentos de 'Iván' en su momento. Trataban de venderse como grandes revolucionarios y algunos de ellos, por lo que puede saber, nunca había hecho nada más que figurar.

Y encima, con apenas 50.000 votos en las primeras elecciones legislativas

Eso fue terrible. Terrible resultado. El problema es que vendió una idea de éxito, de posibilidades y de realidades que no eran ciertas, en especial por 'Iván' y su grupo. Se vendió la idea de que, por poco, sacábamos en esas elecciones de 1,5 a 2 millones de votos. Y de verdad, mucha gente lo creyó. Eso creó muchas falsas ilusiones y falsas expectativas. Para mí obtener, por ejemplo 300.000 votos, o 400.000, era todo un éxito. Después de todo, volviendo a lo ya dicho, a uno le tocaba salir y animar a la gente, nuevamente a sobreponerse a este golpe duro. El argumento de 'Iván' era el de que nos habían robado los votos por tal lado y por tal otro. No. Era la realidad política que no queríamos ver. La simpatía de la gente estaba presente en cómo se habían comprometido y movilizado por el Acuerdo, pero el conseguir el voto en unas elecciones era algo más. No era poco el haber conseguido cambiar nuestra imagen entre ciertos sectores de la sociedad colombiana. Pero no era suficiente. Tal vez, cabía esperar algo parecido a lo que había pasado con la Unión Patriótica, el proceso de paz y demás, pero las coyunturas son únicas y eso no se iba a repetir. Por tanto, el proceso fue duro. Esos resultados nos obligaban a aterrizar y a cambiar todo. 'Carlos Antonio' era el que más claro lo tenía y el que más insistía. Siempre decía que solo cuando dejemos de mirarnos el ombligo y comencemos a hacer política, será que todo pueda cambiar. Mientras no hagamos política y construyamos espacios políticos, no vamos a conquistar votos.

Todo este proceso no ha sido fácil. En esta tercera asamblea del partido, la cual hicimos en enero de 2023, es que hemos trabajado firmemente para dejar de mirarnos el ombligo y empezar a diseñar y poner en práctica una estrategia encaminada a ampliar nuestra influencia. Teníamos muchas esperanzas en los resultados electorales de las elecciones departamentales y municipales de octubre de 2023, como partido, pero en especial como proyecto unitario ya en el Pacto Histórico. Sin decir que los resultados fueron un desastre, la verdad es que estuvimos muy por debajo de las expectativas, tanto como partido Comunes como parte del Pacto Histórico. Todo fruto de factores externos e internos. Quedó demostrado que para que proyectos alternativos logren desplegar su actividad electoral de manera efectiva es imprescindible la Reforma Política y que se cambien las reglas del juego. Un punto que no está implementado del Acuerdo entre el Estado colombiano y las extintas FARC-EP, y que es una deuda pendiente. Igualmente, la izquierda y los sectores progresistas deben superar a su interior las todavía manifestaciones de canibalismo, de falta de democracia, de pasar por encima de las decisiones regionales imponiendo intereses personalistas o de grupo.

Independientemente de los resultados obtenidos como Comunes, eso no le quita validez alguna al proceso de paz. Hemos conseguido lograr cambiar una dinámica de décadas de violencia y que fue muy compleja. Este país camina hacia otro rumbo, el rumbo que soñábamos, pero en el que no somos los únicos protagonistas de la historia. Hay muchos sectores y muchas fuerzas que confluyen ahí, y si por alguna cosa desaparece el partido ese legado quedará ahí, seguiremos trabajamos para aportar mucho más a la realidad política y social de este país en aras del cambio, de la justicia social.

¿Cuál ha sido el trato que las FARC-EP han recibido de parte de la izquierda partidista?

Es histórico. Siempre han estado ahí y todavía hoy las sentimos. Hace poco, hablando con algunos camaradas, reflexionábamos sobre lo que sucedió con la Coordinadora Nacional Guerrillera, de 1985, en la que confluyen, por iniciativa del M-19, el ELN, el EPL –además del criminal que salió de las FARC-EP: José Fedor, alias 'Javier Delgado'. Era un proceso unitario, pero descartando a las FARC-EP. La práctica les demostró quién era 'Delgado'. Luego viene mucho diálogo, donde pusimos como condición suspender cualquier tipo de acción o colaboración con este sujeto. Es así cómo nace la Coordinadora Guerrillera Simón Bolívar (CGSB), que era otro experimento muy interesante en función de la unidad. Se logró culminar por encima de las diferentes concepciones que teníamos cada grupo que conformábamos la coordinadora al iniciar ese proceso unitario. Ahí también están diferentes formas de entender, abordar y resolver cuestiones que para la izquierda son importantes. ¿Qué tal hubiéramos llegado a la constituyente juntos como CGSB? Claro, sin el M-19, que ya había negociado, pero lo cierto es que el presidente César Gaviria nos cerró ese espacio. ¿Qué hubiese pasado de haber llegado a la Constituyente juntos? Aunque eso es especular, también uno se pregunta qué hubiera pasado con las FARC-EP si 'Jacobo Arenas' no hubiera muerto. Murió rodeado de libros sobre temas constitucionales y de constituyentes y firmemente convencido de la necesidad de participar en la constituyente, buscando los puntos comunes entre las diferentes expresiones de la izquierda. De hecho, esto se entiende bien cuando se estudia el surgimiento del M-19, que nace de las FARC-EP.

De hecho, el propio Pablo Catatumbo venía de allí, ¿no?

No, lo que paso es que él fue muy amigo de los del M-19. Lo cierto es que se venía de un tronco común, la Juventud Comunista, pero militante del M.19, 'Pablo Catatumbo' nunca lo fue. Entre los fundadores del M– 19 está ese grupo de integrantes de las FARC-EP encabezados por Jaime Bateman que deciden irse porque consideraban que al paso que se iba nunca iba a llegar la revolución. Además, consideraba que la revolución se iba hacer era en las ciudades y cómo sus propuestas no fueron tenidas en cuenta en las FARC-EP "decidieron armar rancho aparte". Cuando yo ingreso en las FARC-EP esto ya había sucedido. Lo que escuchaba uno eran opiniones. Recuerdo, por ejemplo, en El Pato, adonde yo llego, que la gente, la *guerrillerada*, andaba muy molesta porque de ahí se habían dado la ultimas deserciones, incluida la de Carlos Pizarro. Pero luego escuché en una conversación a 'Jacobo Arenas' refiriéndose a la gente que de las FARC-EP que se había ido a fundar al M-19, que reconocía y destacaba que lo habían hecho para plasmar en la práctica lo que tenían en la cabeza y no para "hablar mierda" de las FARC-EP ni mucho menos para hacerle daño. Desde eso es que siempre he visto al M-19 con admiración, independientemente de las dinámicas que ya en la práctica se dieron.

Por volver nuevamente al presente: ¿qué imagen crees que se tiene de las FARC-EP en Colombia? Especialmente entre la izquierda partidista y la sociedad civil.

Lo de la imagen de las FARC-EP en la sociedad colombiana, creo que fluctúa mucho de acuerdo con las coyunturas y a la matriz mediática del momento. Hay un reconocimiento grande por haber tomado la decisión de firmar el Acuerdo. Hasta uribistas me lo han dicho en la calle. El que la gran mayoría nos hayamos mantenido firmes cumpliendo lo acordado nos ha dado mucha autoridad. Pero los efectos de políticas equivocadas como el secuestro todavía se perciben. Ya antes le hablé del libro *Guerrilla Marketing*, y cómo a través de una acción bien planificada se forja de manera distorsionada la imagen de una organización. Lo que uno percibe es que hay un sector de la clase dirigente que no nos perdona el habernos alzado en armas contra el Estado y que siguen en el propósito de acabarnos. Ya no físicamente, pero sí destruirnos moralmente. Es decir, volvernos trizas en nuestra dignidad. Es por esta razón por la que siguen trabajando con técnicas muy sutiles, utilizando hechos muy puntuales y buscando generalizarlos, con medias verdades y aprovechando la sensibilidad que produce en la sociedad ciertos temas.

Muchos sectores de la sociedad destacan nuestra *berraquera* por todo lo que hemos conseguido con el Acuerdo. Otros siguen dudosos, con temores, en parte, porque también desde muchos lugares se ha contribuido a distorsionar lo que somos como partido. A pesar de todos, son cosas que, con trabajo y acciones, poco a poco, hemos ido limando. Eso se nota en el día a día. En cómo se te acerca la gente, cómo te habla o cómo te pide simplemente una foto. Eso lo percibo cada día, aunque, por supuesto, cosa bien diferente es que eso se traduzca en votos. Una cosa es que la gente aplauda el compromiso que hemos mostrado con el Acuerdo y otra diferente es que te voten. Un trabajo de esa naturaleza es el que hemos realizado, por ejemplo, con 'Pastor Alape' como candidato a la alcaldía antioqueña de Puerto Berrío. Es un trabajo del día a día, de acercarse a la gente, de mostrarse útil para la gente, y de eso, que viene de atrás, estamos recogiendo ahora los frutos. Él está bien valorado como candidato y es lo que muchos compañeros no entienden: la simpatía no se traduce sin más en votos. Hay que ir a más

Y sobre la imagen nuestra en la izquierda, creo que hay de todos los matices, va de los que nos aprecian hasta los que nos odian. Profundizar en ellos en especial en los últimos creo que no vale la pena. También traemos un acumulado histórico sobre experiencias unitarias y a estas alturas tenemos unas enseñanzas positivas y negativas. Creo que la gran equivocación que se puede cometer y que le hace mucho daño al proceso de cambio es traer al presente desavenencias del pasado y creer que es el momento de "cobrar deudas". Somos un partido que viene para acompañar este nuevo tiempo. Este proyecto de transformación.

Tal vez el Acuerdo no ha supuesto grandes afectos electorales para las extintas FARC-EP, pero desde luego ha contribuido a cambiar las dinámicas de las viejas disputas izquierda/derecha en Colombia

Yo estoy convencido de eso que comenta. Totalmente de acuerdo. En Colombia ha habido muchas movilizaciones. Incluso desde la montaña recuerdo que impulsábamos movilizaciones que paralizaron este país. Que movilizaron y generaron grandes conquistas de la gente y algunas reivindicaciones. Sin embargo, llegaban las elecciones y ¿en qué se traducía eso? La gente votaba por los mismos. Eso era un fenómeno que yo no comprendía. Ahora con el Acuerdo de Paz ha cambiado esa dinámica. La gran movilización que hubo del 2019 al 2021, en buena medida, levantó las banderas del Acuerdo y se tradujeron en una decisión política esta vez sí consecuente. Es decir, esa mayor cultura política es la mayor transformación que le podemos deber al Acuerdo. Recuerdo una conversación reciente en la dirección del partido en la que, volviendo a documentos viejos, les explicaba a los compañeros que, frente al concepto de revolución permanente, nosotros tenemos que hablar de movilización y resistencia permanentes.

En la misma elección de Gustavo Petro como presidente no podemos no considerar que se debe a un cambio en las circunstancias políticas del país. Y para que las cosas se puedan dar es necesario mantener eso vivo. Esa tal vez es la tarea más importante de nosotros como partido. Alimentar esa nueva cultura política que convence de la necesidad del cambio y de la transformación. Es el mensaje que debemos llevar a cada pueblito al que nosotros lleguemos. En otras palabras, se trata de darle elementos de juicio a la gente para que puedan decidir. Eso es la verdadera democracia. La democracia es plena cuando la gente toma decisiones con los mejores elementos de juicio. Ahí está la consigna de la resistencia permanente. Eso es en lo que debemos trabajar cada día, aparte de en la campaña electoral. Si eso se logra mantener, será un éxito. Toca estar siempre en esa lógica, tanto frente a los partidos tradicionales como frente a los medios de comunicación. Sirva de ejemplo la demanda de Centro Democrático y Cambio Radical, acogida por los medios, y por la que se exige a Gustavo Petro la realización de un examen médico que si no se maneja bien produce su daño.

¿Qué implica para Rodrigo Londoño la llegada a la presidencia de Gustavo Petro?

Es un sueño consumado. Petro es un revolucionario. Un revolucionario convencido. Incluso más. Es un marxista. La gente siempre repite el mismo mantra. Que Petro es un *berraco*, que es muy inteligente en sus análisis y audaz en las conclusiones que saca, pero que la dificultad que tiene pasa por ejecutar. Por pasar de la teoría a la práctica. Yo pienso que su llegada a la Casa de Nariño es un sueño para todos nosotros. Mucha gente, en mucho tiempo de lucha, está en ese hombre. Nosotros, no es nuevo para nadie, tenemos situaciones difíciles y una relación compleja con él, que internamente, como partido, estamos viendo. Sin embargo, y aun cuando de alguna manera, por qué no decirlo, nos desprecie y tenga sus claras reservas hacia nosotros, él personifica la consumación de un sueño. Que los colombianos lo sepamos aprovechar eso o no, depende del trabajo que logremos hacer sobre la gente. Yo creo que hizo cosas muy bien para llegar a la presidencia, pero otra cosa es la relación con nosotros, que no olvidemos, somos partido de gobierno y ni siquiera tenemos un portero en una institución. No tenemos presencia en la arquitectura institucional del gobierno y menos en su gobernanza. Eso es complicado. A través de la Corte Constitucional y de la misma JEP ha tocado "obligar a algunos funcionarios" a tomar medidas en función de nuestra seguridad. A veces nos toca soportar una doble estigmatización. La de la derecha, que es obvia y esperable, pero también de algunos sectores de la izquierda y de algunos funcionarios del gobierno.

Gustavo Petro, en compañía de otras figuras claves, como Iván Cepeda, han apostado por la idea de paz total ¿Qué le parece la apuesta que realiza el gobierno?

Políticamente hay que apoyarla y siempre la hemos respetado, pero en escenarios privados que hemos tenido, e incluso cuando hablamos con Gustavo Petro, les hemos dicho nuestras críticas, y que no se nos haya tenido en cuenta en absoluto, al menos para escuchar nuestras opiniones. Como les hemos dicho, no se trata de que hagan, ni mucho menos, lo que nosotros digamos que hay que hacer, pero es que hay cosas que no nos parecen estén bien.

Esto que hizo Iván Danilo Rueda con 'Iván Mordisco', de reconocer y oficializar al Estado Mayor de las FARC-EP nos parece un desafuero muy grande. El más grande que se podía cometer. Petro nos preguntó por 'Mordisco', no tenía ni idea de quién era y nosotros le comentamos algo. En toda negociación hay mesas paralelas de diálogo, de consulta, de personas que son muy importantes tras bambalinas. Que no aparecen pero que están. Hombre, ¿por qué no nos utilizan? Al menos a modo de consulta, siempre hemos estado en disposición de dar toda la información que requieran, solo para que tengan elementos de juicio sobre quiénes son y qué ha pasado. Creo que en este aspecto se ha trabajado más con el deseo que con la razón. Es que fíjese que, sin decirlo, se está transmitiendo una idea que es un disparate. Que 'Iván Mordisco' es el continuador de la obra de 'Marulanda', y eso no puede ser. Ellos dicen serlo, ser la herencia de 'Marulanda' y 'Jacobo' y el gobierno, reconociéndoles, se lo concede. Por otro lado, mantener varias mesas, muy diferentes, de diálogo es muy difícil. Uno no está en la cabeza de Petro para saber en qué está pensando, pero muchas cosas del modo y la forma de algunas negociaciones no parecen ir por buen camino. Ahí tenemos cierta decepción, pero bueno…

Queda hacer alguna mención a Rodrigo Londoño en la actualidad. ¿Cómo crees que eres percibido a la vista de la ciudadanía colombiana?

Creo que en el común de la gente hay una imagen positiva. A uno se le van olvidando esas muestras de cariño o más bien de reconocimiento que a cada rato recibe. Recuerdo en Medellín, en medio de la movilización de 2021. Había una audiencia de la Comisión de la Verdad para hablar del tema nada fácil de los menores de edad y otros temas relacionados asociados al conflicto. La audiencia se aplazó un día y por eso pude participar de la movilización ciudadana. Anduve siete horas en medio de la gente, la mayoría jóvenes y no recibí ni un solo insulto. La gente me habló, me pidieron fotos, etc. Ya en la audiencia que se celebró el 22 expuse nuestra verdad sobre esos temas, hice el reconocimiento del daño que habíamos producido las FARC-EP a los colombianos en el contexto del conflicto. Y lo más importante, el llamado a no desfallecer en el día en función de trabajar por la reconciliación, simplemente estar para vender la foto. En esa audiencia sobre menores en las FARC-EP intervine en los mismos términos. Recuerdo que al finalizar una muchacha se me acercó para pedirme una foto con su papá. El señor se me acercó y me dijo que él era más uribista que Uribe, pero que creía en mi palabra y por eso quería la foto conmigo. Es algo que me han dicho varias veces, en distintos escenarios. Mucha gente afín a Uribe que se me acerca con palabras de reconocimiento y confianza. Ese es el camino. Por ejemplo, en la provincia de Vélez, Santander, en donde se dieron varias víctimas del secuestro con fines políticos, realizamos un trabajo de acercamiento con ellas, de más de un año. Este culminó con un acto público de reconocimiento y solicitud de perdón el pasado marzo de 2024. Lo más importante es la construcción de una ruta cierta en función de la reparación ya no individual si no colectiva, a la sociedad, a la región, a su población donde el Estado juegue el papel conductor y ejecutor. Desafortunadamente, en este acto público ni la JEP ni el Estado hicieron presencia con funcionarios de alto nivel, lo cual hubiese sido un buen mensaje para la gente de la región.

¿Qué le espera a Comunes en el futuro?

El reto es grande y el futuro va a estar bien complejo. Por un lado, está la derecha que no abandona su campaña de estigmatización, acompañados de algunos medios y sectores de la clase dirigente, los cuales nunca nos perdonarán el habernos levantado en armas y resistido más de 50 años sin haber sido derrotados. Esto, además, a pesar de haber utilizado todos los esfuerzos institucionales y no institucionales, métodos válidos y no válidos, en la confrontación –incluida la de tierra arrasada–. Si logramos un Acuerdo es porque no estábamos derrotados. Como se sabe, con un derrotado no se negocia, se le somete. Y desafortunadamente también están los sectores de la izquierda o del progresismo que, igualmente, tampoco nos aceptan.

Acabamos de pasar un escenario que nos marca una radiografía no muy halagadora y que son las recientes elecciones departamentales y municipales de octubre de 2023. Claro que las conclusiones son variadas de acuerdo con el prisma desde el que se analicen, pero frente a las expectativas, y en especial frente a las necesidades del proyecto del cambio, los resultados no son los mejores. No voy a ponerme a detallar las dificultades en el espacio que apoya el proyecto del cambio, pues tenemos espacios naturales para abordarlos, pero sí hay conductas muy negativas que, en especial en las regiones, se sintieron a la hora de definir los candidatos que iban a integrar las listas.

El otro elemento que toca considerar al hacer estos análisis es que el punto segundo del Acuerdo de Paz no se ha implementado. Me refiero al punto relacionado con la reforma política. No se han cambiado las reglas del juego en la actividad electoral y seguimos con las mismas reglas, elaboradas para que los sectores que se han perpetuado en el gobierno se puedan mantener y cerrar los espacios a proyectos alternativos o progresistas.

En cuanto al partido Comunes, igualmente no hemos logrado los resultados necesarios para consolidar un espacio que llene nuestras expectativas. Incide en ello todo lo anterior, con un mayor peso de la estigmatización y la falta de financiación, así como la falta de espacios en el gobierno, a pesar de ser partido de gobierno. También en este análisis nosotros tenemos que evaluar un fenómeno complejo y que no lo hemos podido resolver en varias regiones, y es que varios dirigentes, que son firmantes del Acuerdo, creen que el trabajo político del partido es más en función de la reincorporación. Entonces se olvidan eso que hay que ir calle a calle, casa a casa, y que hay que visitar las veredas hablando y explicando el proyecto político, ayudando a la organización de la gente para la defensa de ese proyecto. Su preocupación día a día está en función de la renta básica, de los proyectos productivos, de los problemas de la tierra, o de la vivienda para los reincorporados. Claro que sí, por supuesto, son problemas que debemos atender y resolver, y que el resto de los partidos políticos no tienen. Eso hace que algunos pierdan el que la visión política implica y exige de muchas más cosas. Es una de las luchas tremendas que nos estamos dando en el partido.

Si lo vamos superando y terminamos este año con un partido mucho más fortalecido en cantidad, pero también en calidad, será un paso adelante. Ahí se están haciendo escuelitas básicas y un trabajo diario, aunque por otro lado nos dificulta todo el tema financiero. Este nos ahoga, aunque ya en la insurgencia, en michas ocasiones, no hubo abundancia, atravesando muy malos momentos, y siempre salimos adelante. Veremos qué pasa cuando lleguen las elecciones de 2026. Más que lograr la personería jurídica, que lo estamos trabajando, lo importante es que tengamos una buena votación en función de un proyecto que le dé continuidad al cambio que ha iniciado Gustavo Petro. De todas maneras, pienso yo que además de los resultados electorales debemos medir el éxito o el acierto en función del crecimiento del partido y en la cualificación de cuadros y militantes.

Algo influirá el cómo se adelanten (o resuelvan) las negociaciones con el ELN. ¿Qué consejo les darías en el actual marco de diálogo?

Cuando me han preguntado trato de resolverlo lo más diplomáticamente posible, porque una de las características de ellos es que no les gusta que nosotros interfiramos o les insinuemos algo. Eso uno lo entiende. Creo, sin embargo, que es importante escuchar. Hay voces que saben lo que dicen, y que son muy diferentes a las de aquellos que solo saben pontificar. Es importante que traten de recoger diferentes voces, diferentes miradas. Eso ayuda mucho a entender la realidad actual de Colombia. A nosotros nos sirvió mucho para escuchar a las víctimas. Me preocupa lo que le escuché decir a 'Pablo Beltrán' cuando afirma que ellos han llegado al proceso de diálogo para hablar de las causas del conflicto y no de sus consecuencias. ¿Cómo se puede decir eso? ¿Cómo puede uno sustraerse de ello?

Ojalá logren plasmar un acuerdo, pero hay que aprender de otras experiencias. Nosotros podemos contar la nuestra y cómo la política tiene dinámicas en el espacio y el tiempo que son diferentes a cuando uno hace la guerra. Si eso no lo saben tener en cuenta se van a estrellar. Me acuerdo, por ejemplo, en la decisión de dejar las armas. Varios compañeros y yo estábamos convencidos de eso, y no es que no hayamos contemplado la posibilidad de quedar armados, lo que en la actual coyuntura del país es un exabrupto, una paz armada le puede ser útil a los enemigos de la paz para hacerla fracasar. Se habían fijado unas fechas y unos protocolos, que condicionaban la participación política de 2018, de manera que había que adaptarse y cumplir. No había otra. Decir que el desarme fue cosa de 'Lozada' y mía y no de 'Iván Márquez' es la calumnia más grande que se puede decir. 'Iván' siempre fue el más angustiado porque no fuéramos a lograr llegar, ya desarmados, a la fecha establecida para, desde ahí, poder construir el partido. Esas cosas de tiempo y espacio el ELN las debe entender, porque afectan directamente en el devenir del proceso. Eso supone también entender marcos temporales posibles, no sirve eso de decir no tengo afán y puede llegar 2026, el fin del gobierno, y tener diez años más para dialogar.

¿A modo de conclusión, crees que el proceso de paz ha servido a las extintas FARC-EP en términos políticos a pesar de los resultados?

Esa pregunta no hay que pensarla. Sí. Por supuesto, no tanto por lo que haya favorecido a la organización y su proyecto político si no al país y la posibilidad del cambio. Eso me lo dicen los muchachos que me encuentro por ahí, los firmantes del Acuerdo. "Camarada, fue lo más acertado que hicimos", "Camarada, nosotros íbamos por la paz". Hay días que son más difíciles, en donde me acuesto con la angustia de pensar si me he equivocado o en donde he podido adoptar decisiones que no son correctas, pero el día a día te muestra que la paz era el único camino. Hay algunas cosas que no se pueden contabilizar o detallar. Es un todo. Habría que pensar en lo contario, de no haber firmado el Acuerdo dónde estaríamos como organización y como país; cuántos estaríamos vivos y cuántos muertos; especialmente, en la dinámica que veníamos atravesando.

Cuando yo llegué a la comandancia de las FARC-EP impulsé bastante de la formación de cuadros –como respuesta a la *lumpenización* que tanto me preocupaba– y especial el apoyo a los cuadros del partido clandestino en formación y en finanzas. Muchos de los que se beneficiaron de aquello es gente que luego le ha dado la espalda al partido. Claro que uno puede retirarse o buscar nuevos horizontes. Eso es legítimo, pero hay otros que "hablaron carreta" y generaron una situación muy dañina para el partido, con quejas, acusaciones o desinformaciones que no hicieron bien al partido. Volviendo a la pregunta, en todo caso, el Acuerdo, aun con sus dificultades, es claro y notorio que mejoró la vida de los excombatientes, pero también de todas las regiones en general, aunque esto no implique desconocer realidades de violencia que persisten. Tampoco se debe olvidar cuántos muertos se han dejado de producir, cuántos presos se han evitado, cuántos campesinos y cuántas familias se han dejado de afectar por el conflicto. Eso es una cifra difícil de medir, pero es una realidad sobre la cual el Acuerdo ha marcado un punto de inflexión.

¿Llegará algún día la paz verdadera a Colombia?

Cómo dice, como la canción de Silvio, si no creyera..., no estaría uno haciendo todos estos esfuerzos, con pleno convencimiento. Estamos en el punto de partida necesario para emprender la construcción de la patria que he soñado durante 40 años en las filas de las FARC-EP, hacer parte del gobierno que soñamos, que abraza el cambio verdadero y definitivo para iniciar sobre bases sólidas la construcción de una Colombia más igualitaria, más justa, más humana que en el centro de sus preocupaciones este el ser humano y todo hacerlo en reconciliados y en paz. La paz es el norte y la utopía. Como decía Eduardo Galeano, "la utopía está en el horizonte y sirve para caminar". Hacia allá vamos.

REFERENCIAS BIBLIOGRÁFICAS

Agencia para la Reincorporación y Normalización, "La reincorporación en cifras. Corte 30042024", [En línea] https://www.reincorporacion.gov.co/es/agencia/Documentos%20de%20ARN%20en%20Cifras/ARN_en_Cifras_marzo_2024.pdf Consultado el 29 de abril de 2024.

Agencia Presidencial de Cooperación Internacional, "Modalidades de cooperación". [En línea] https://www.apccolombia.gov.co/modalidades-de-cooperacion Consultado el 29 de abril de 2024

Aguilera, M., *Las FARC: la guerrilla campesina 1949-2010*, Bogotá, Arfo, 2010.

Aponte, A. y González, F., *¿Por qué es tan difícil negociar con el ELN? Las consecuencias de un federalismo insurgente, 1964-2020*, Bogotá, CINEP, 2021.

Badillo, R. y Trejos, L., "Las Autodefensas Gaitanistas de Colombia como grupo armado politizado: Un nuevo paradigma del crimen organizado", *Revista Científica General José María Córdova*, vol. 21, 2023, n.º 42, pp. 327-351.

Balian, H. y Bearman, P., "Pathways to Violence: Dynamics for the Continuation of Large-scale Conflict. Sociological Theory", vol. 36, 2018, n.º 2, pp. 210-220.

Bautista, S., "Contribuciones a la fundamentación conceptual de paz territorial", *Ciudad Paz-ando,* vol. 10, 2017, nº 1, pp. 100-110.

Bejarano, A. y Pizarro, L., "Colombia: The Partial Collapse of the State and the Emergence of Aspiring State-Makers", *States Within States: Incipient Politial Entitites in the Post-Cold War Era,* Kingston, P y Spears, I. (eds.), Nueva York, Palgrave McMillan, 2003, pp.99-118.

Cairo, H. *et al.*, "'Territorial Peace': The Emergence of a Concept in Colombia's Peace Negotiations", *Geopolitics*, vol. 23, 2018, nº 2, pp. 464-488.

—, *et al.*, "From 'Territorial Peace' to 'Total Peace' in Colombia: A Geopolitical Balance", *Geopolitics*, 2024. En prensa: https://doi.org/10.1080/14650045.2023.2297941

—, *et al.*, *De la paz territorial a la paz total en Colombia: una aproximación socioespacial,* Madrid, Trama, 2024.

Castillo, A. y Niño, C., "El proceso de desecuritización de la doctrina militar en Colombia", *América Latina Hoy*, vol. 84, 2020, pp.31-47.

CERAC, *Monitor de la violencia política en Colombia*, Bogotá, 2017.

CERAC, *Monitor de la violencia política en Colombia*, Bogotá, 2018.

Collier, P. *et al., Breaking the Conflict Trap: Civil War and Development Policy,* Washington DC, Banco Mundial, 2003.

—, "Post-conflict recovery: How should strategies be distinctive? ", *Journal of African Economies,* vol. 18, 2009, n.º 1, pp. 99-131.

Comisión de Esclarecimiento de la Verdad, *Informe Final de la Comisión de la Verdad. Hay futuro si hay verdad,* Bogotá, CEV, 2022.

Conolly, E. y Doyle, J., "Reflections on the Northern Ireland Conflict and Peace Process". *Irish Studies in International Affairs,* vol. 26, 2018, pp. 147-162.

Duncan, G., *Operación Sodoma. El fin de una era,* Bogotá, Planeta, 2021.

Eaton, K., "Territorial peace without territorial governments: The centralising logic of the 2016 Colombian peace accord", *Journal of Peacebuilding and Development,* vol. 16, 2021, n.º 2, pp. 194-208

Echandía, C. y Cabrera, I., "La Fuerza Alternativa Revolucionaria del Común en las elecciones legislativas de 2018 (Catatumbo-Colombia)", *FORUM. Revista Departamento Ciencia Política,* vol. 16, 2018, pp. 93-116.

—, y Cabrera, I., *Madurez para la paz,* Bogotá, Universidad Externado, 2017.

Federación Nacional de Departamentos, "Fronteras, paz y desarrollo". *LVIII Cumbre de Gobernadores de Colombia,* San Andrés, Colombia. 18 de febrero de 2013.

Findley, M. y Rudloff, P., "Combatant Fragmentation and the Dynamics of Civil Wars". *British Journal of Political Science,* vol. 42, 2012, n.º 4, pp. 879-901.

Fundación Ideas para la Paz, *La fragilidad de la transición. La paz incompleta y la continuación de la confrontación armada,* Bogotá, 2019.

Fundación Ideas para la Paz, *La reincorporación económica de los excombatientes de las FARC. Retos y riesgos a futuro,* Bogotá, 2019b.

Fundación Ideas para la Paz, *Trayectorias y dinámicas territoriales de las disidencias de las FARC,* Bogotá, 2018.

Fundación Ideas para la Paz, *¿Qué hacer con el ELN? Opciones ante una derrota militar lejana y un diálogo improbable,* Bogotá, 2020.

Galtung, J., "Violence, Peace, and Peace Research", *Journal of Peace Research,* vol. 6, 1969, n.º 3, pp. 167-191

—, "Cultural Violence". *Journal of Peace Research,* vol. 27, 1990, n.º 3, 291-301.

—, *Tras la violencia, 3R: reconstrucción, reconciliación, resolución. Afrontando los efectos visibles e invisibles de la guerra y la violencia,* Bilbao, Gernika Gogoratuz, 1998.

García Perilla, J. y Herrera, A. (2020). "Los spoilers del Acuerdo de Paz en Colombia: el caso del Clan del Golfo". *Revista Colombiana de Ciencias Sociales,* 11(1), 204-233.

Gibson, S., "Not as my Neighbour: How Misinformed Narratives Surrounding the FARC are Hindering the Social Reintegration of its Demobilizing Combatants", *Journal of Peace and Social Justice,* vol. 12, 2018, n.º 1, pp. 25-37.

Gómez Triana, D. y Ríos, J., "Armed Violence in the Llanos Orientales Region Following the Signing of the Peace Agreement with the FARC-EP in Colombia", *Journal of Strategic Security,* vol. 15, 2022, n.º 3, pp. 62-79.

González Martín, A., "La escisión de la Fuerza Alternativa Revolucionaria del Común: causas y peligros olvidados por el 'New York Times'", *Documentos de Análisis del Instituto Español de Estudios Estratégicos,* vol. 17, 2019, pp. 1-23.

González, F., *Más allá de la coyuntura. Entre la paz territorial y la paz con legalidad,* Bogotá, CINEP, 2020.

Grasa, R., "Colombia cuatro años después de los acuerdos de paz: un análisis prospectivo", *Documentos de Trabajo,* vol. 39, 2020, pp. 1-26.

Gutiérrez Sanín, F., *¿Un nuevo ciclo de la guerra en Colombia?,* Bogotá, Debate, 2020.

Hartzell, C. y Hoddie, M., *Crafting Peace: Power sharing Institutions and the Negotiated Settlement of Civil Wars,* College Park, Pennsylvania State University, 2007.

Hegre, H. y Nygård, H., "Governance and Conflict Relapse". *Journal of Conflict Resolution,* vol. 59, 2015, n.º 6, pp. 984-1016.

Henderson, J., *Víctima de la globalización. La historia de cómo el narcotráfico destruyó a Colombia,* Bogotá, Siglo del Hombre, 2010.

Hendrix, C., "Measuring State Capacity: Theoretical and Empirical Implications for the Study of Civil Conflict", *Journal of Peace Research,* vol. 47, n.º 3, 2010, pp. 273-285.

Indepaz, *Conflictos armados focalizados. Informe Sobre Grupos Armados Ilegales Colombia 2017-2018,* Bogotá, 2018.

Indepaz, *Todos los nombres. Todos los rostros. Informe de derechos humanos sobre la situación de líderes y defensores de derechos humanos en los territorios,* Bogotá, 2019.

Indepaz, *Conflictos armados focalizados. Informe sobre grupos armados ilegales Colombia,* Bogotá, 2020.

Indepaz, *Los grupos posFARC-EP: un escenario complejo*, Bogotá, 2020b.

Indepaz, *Paz al liderazgo social*, 2022, [En línea] http://www.indepaz.org.co/paz-al-liderazgo-social/ Consultado el 29 de abril de 2024.

Indepaz, *Violencia en Colombia. Informe Anual*, Bogotá, 2023

Indepaz, *Líderes sociales, defensores de DDHH y firmantes del Acuerdo asesinados en 2024*, Bogotá, 2024

Informe del Secretario General sobre la Misión de Verificación S/2020/943. Misión de Verificación de Naciones Unidas, 2020, Bogotá, Naciones Unidas

Informe del Secretario General sobre la Misión de Verificación S/2020/1301, Misión de Verificación de Naciones Unidas, 2021, Bogotá: Naciones Unidas.

Iniciativa Global contra el Crimen Organizado Transnacional, *IUU Fishing Risk Index 2022*, Ginebra, IGCOT, 2022.

InSight Crime, "Disidencia del Frente Primero", 2019 [En línea] https://es.insightcrime.org/noticias-crimen-organizado-colombia/disidencia-frente-primero/ Consultado el 29 de abril de 2024.

InSight Crime, "Gener García Molina, alias Jhon 40", 2019b [En línea] https://es.insightcrime.org/noticias-crimen-organizado-colombia/gener-garcia-molina-alias-jhon-40/ Consultado el 29 de abril de 2024.

Junguito, R. *et al.*, *Acuerdo de Paz: Reforma Rural, Cultivos Ilícitos, Comunidades y Costo Fiscal*, Bogotá, Fedesarrollo, 2017.

Junta de Inteligencia Conjunta, *Estimación de los ingresos y egresos de las FARC durante 2003*, Bogotá, 2005.

Kalyvas, S. y Kocher, M., "How 'Free' is Free Riding in Civil Wars? Violence, Insurgency, and the Collective Action Problem", *World Politics*, vol. 59, 2007, pp. 177-216.

Kaplan, O. y Nussio, E., "Explaining Recidivism of Ex-combatants in Colombia", *Journal of Conflict Resolution*, vol. 62, 2018, n.º 1, pp. 64-93.

Keels, E., "Electoral Reforms and Peace Duration Following Negotiated Settlements". *International Interactions*, vol. 44, 2017, n.º 1, pp. 33-58.

Kissinger, H., "The Vietnam Negotiations", *Foreign Affairs*, vol. 48, 1969, n.º 2, pp. 38-50.

Kroc Institute for International Peace Studies, *El Acuerdo Final de Colombia en tiempos del covid-19: Apropiación institucional y ciudadana como clave de la implementación*, Bogotá, 2021.

Kroc Institute for International Peace Studies, *Hacia una paz de calidad en Colombia*, Bogotá, 2019.

Kroc Institute for International Peace Studies, *Informe sobre el estado efectivo de implementación del Acuerdo de Paz en Colombia*, Bogotá, 2017.

Kroc Institute for International Peace Studies, *Tres años después de la firma del Acuerdo Final de Colombia: hacia la transformación territorial*, Bogotá, 2020.

Mashike, L., *Former Combatants Involvement in Crime and Crime Prevention. Research Report,* Sudáfrica, Centre for the Study of Violence and Reconciliation, 2007.

Ministerio de Defensa, *Oficio 86869. Actualización de cifras,* Bogotá, 2017.

Nussio, E., " Ex-combatants and Violence in Colombia: Are Yesterday's Villains Today's Principal Threat? ", *Third World Thematics Journal,* vol. 3, 2018, pp. 135-152.

—, "The Colombian Trap: Another Partial Peace", *CSS Analyses in Security Policy*, vol. 258, 2020, pp.1–4.

Observatorio de Derechos Humanos y Derecho Internacional Humanitario (ODHDIH), *Síntesis de la violencia y la confrontación armada en Colombia, 1998-2012 y 2015*, Bogotá, Vicepresidencia de la República.

Organización de Estados Iberoamericanos (OEI), *Informe técnico de acompañamiento a la implementación del Acuerdo Final de la Organización de Estados Iberoamericanos*, Bogotá, 2018.

Pearlman, W. y Cunningham, K., "Nonstate Actors, Fragmentation and Conflict Processes", *Journal of Conflict Resolution,* vol. 56, 2012, vol. 1, pp. 3-15.

Pécaut, D., *Crónica de cuatro décadas de política colombiana, 1966-2006*, Bogotá, Norma, 2006.

—, *Las FARC, ¿una guerrilla sin fin o sin fines?* Bogotá, Norma, 2008.

Pizarro, E., *Cambiar el futuro: historia de los procesos de paz en Colombia (1981-2016)*, Bogotá: Debate, 2017.

—, *Las fronteras y la guerra. La Operación Fénix en Ecuador*, Bogotá, Planeta, 2021.

PNUD, *Colombia rural: Razones para la esperanza,* Nueva York, 2011.

Ríos, J. e Hidalgo, M., "Entre la lucha armada y la paz: una aproximación a la madurez del conflicto armado colombiano (1982-2016)". *Ayer. Revista de Historia Contemporánea,* 2022, pp. 1-29. https://doi.org/10.55509/ayer/1097

Ríos, J. y Morales, J., "El discurso de Iván Duque sobre el Acuerdo Final en el escenario internacional", *Revista Opera,* vol. 30, 2022, pp. 123-142.

—, *¿Dónde está la paz territorial? Violencia(s) y conflicto armado tras el Acuerdo de Paz con las FARC-EP*, Madrid, Sílex Ediciones, 2022.

—, "¿Una paz fallida? Dificultades de la construcción de paz en Colombia tras el acuerdo con las FARC-EP", *Revista de Estudios Políticos,* vol. 190, 2020, pp. 129-163.

—, "Dinámicas de la violencia guerrillera en Colombia". *Revista de Ciencias Sociales,* vol. 22, 2016, n.º 3, pp. 84-103.

—, "El Ejército de Liberación Nacional, el gobierno de Iván Duque y la encrucijada de la paz en Colombia". *Canadian Journal of Latin American and Caribbean Studies,* vol. 46, 2021b, n.º 2, pp. 222-239.

—, "From war to peace: Understanding the end of the armed conflict in Colombia". *Rationality and Society,* vol. 30, 2018, n.º 4, pp. 463-490.

—, "La narcotización del activismo guerrillero de las FARC y el ELN, 1998-2012", *Revista UNISCI,* vol. 41, 2016c, pp. 205-234

—, "La periferialización del conflicto armado colombiano, 2002-2014", *Geopolítica(s). Revista de estudios sobre espacio y poder,* vol. 7, 2016b, n.º 2, pp. 251-275.

—, "Risk assessment analysis of attacks on FARC ex-combatants: towards a new evaluation model of probability", *Journal of Policing, Intelligence and Counter Terrorism,* vol. 15, 2020, n.º 1, pp. 44-63.

—, "Where is Territorial Peace? Violence, Drug Trafficking and Territory: The Killings of Former Guerrilla Combatants and Social Leaders in Colombia (2016-2021)", *Partecipazione e Conflitto,* vol. 15, 2022, n.º 1, pp. 290-314.

—, *Colombia (2016-2021). De la paz territorial a la violencia no resuelta,* Madrid, La Catarata, 2021c.

—, *Historia de la violencia en Colombia, 1946-2020. Una mirada territorial,* Madrid, Sílex Ediciones, 2021.

—, *Historia de los procesos de paz en Colombia (1982-2022). Élites políticas, fuerzas militares, guerrillas y paramilitarismo,* Granada, Comares, 2023.

Rodríguez Jaramillo, J. y De Aguas, J., "Escalafón de competitividad de los departamentos de Colombia", *Estudios y Perspectivas de la CEPAL,* vol. 34, 2015, pp. 1-91.

Salas, L. *et al.,* "Towards violent peace? Territorial dynamics of violence in Tumaco (Colombia) before and after the demobilisation of the FARC-EP", *Conflict, Security & Development,* vol. 19, 2019, nº 5, pp.497-520.

Saleyhan, I., *Rebels without Borders: State Boundaries, Transnational Opposition and Civil Conflict,* Nueva York, Cornell University Press, 2009.

Stedman, S., "Spoiler problem in peace processes", *International Security*, vol. 22, 1997, n.º 2, pp. 5-53.

UNODC, *Colombia. Monitoreo de cultivos de coca 2014*, Viena 2015.

UNODC, *Colombia. Monitoreo de cultivos de coca 2020*, Viena 2021.

UNODC, *Colombia. Monitoreo de cultivos de coca 2021*, Viena 2022.

Valencia, G., "La paz total como política pública", *Estudios Políticos*, vol. 65, 2023, pp. 10-29.

Walter, B., "Why Bad Governance Leads to Repeat Civil War", *Journal of Conflict Resolution,* vol. 59, 2015, n.º 7, pp. 1242-1272.

Woodhouse, T. *et al.*, *The Contemporary Conflict Resolution Reader*, Cambridge, Polity Press, 2015.

Listado de personalidades entrevistadas (34)

'Benedicto González', entrevista, comandante del Frente 41 de las FARC-EP y miembro de la Cámara de Representantes (2019-2020). Fonseca, febrero de 2021

'Benkos Biohó', entrevista, comandante del Frente 34 de las FARC-EP y senador (2018-2022). Quibdó, marzo de 2021.

'El Iguano', entrevista, comandante del Bloque Catatumbo de las AUC. Bogotá, abril de 2023.

'Iván Márquez', comandante del Bloque Caribe y miembro del Secretariado de las FARC-EP. entrevista, Bogotá, marzo de 2017.

'Jesús Santrich', entrevista, comandante del Bloque Caribe de las FARC-EP. Bogotá, marzo de 2017.

'Pablo Atrato', entrevista, comandante del Frente 57 de las FARC-EP. Quibdó, febrero de 2021.

'Pablo Catatumbo', entrevista, comandante del Bloque Occidental y miembro del Secretariado de las FARC-EP. Bogotá, febrero de 2021.

'Pastor Alape', entrevista, comandante del Bloque Magdalena Medio y miembro del Secretariado de las FARC-EP. Bogotá, abril de 2023.

'Pedro Baracutao', entrevista, comandante del Frente 34 de las FARC-EP y miembro de la Cámara de Representantes (2022-2026). Medellín, abril de 2021.

'Rafael Malagón', entrevista, integrante del Frente 33 de las FARC-EP y gerente de ECOMÚN. Bogotá, marzo de 2021.

'Sandra Ramírez', entrevista, integrante de las FARC-EP y senadora (2018-2026). Bogotá, febrero de 2021.

'Timochenko', entrevista, comandante jefe de las FARC-EP y director nacional de Comunes. Madrid, diciembre de 2021.

'Tolemaida', entrevista, comandante del Frente Juan Andrés Álvarez del Bloque Norte de las AUC. Bogotá, abril de 2023.

'Victoria Sandino', entrevista, integrante de las FARC-EP y senadora (2018-2022). Bogotá, marzo de 2021.

Angelino Garzón, entrevista, ministro de Trabajo y Seguridad Social (2000-2002) y Vicepresidente de la República (2010-2014), Bogotá, junio de 2015.

Anónimo. Brigadier General 1, entrevista, Bogotá, noviembre de 2021

Anónimo. Brigadier General 2, entrevista, Bogotá, octubre de 2021.

Anónimo. Brigadier General 3, entrevista, Bogotá, noviembre de 2021.

Anónimo. Mayor General 1, entrevista, Bogotá, octubre de 2021.

Anónimo. Mayor General 3, entrevista, Bogotá, noviembre de 2021.

Anónimo. Mayor General 4, entrevista, Bogotá, noviembre de 2021.

Anónimo. Mayor General 5, entrevista, Bogotá, noviembre de 2021.

Anónimo. Mayor General del Ejército, entrevista, Bogotá, septiembre de 2015.

Carlos Rojas, entrevista, Mayor General del Ejército de Colombia. Bogotá, 1 de marzo de 2017.

Carlos Rojas, entrevista, Mayor General del Ejército de Colombia. Bogotá, 1 de marzo de 2017.

Clara López, entrevista, excandidata presidencial y ministra de Trabajo (2016-2017). Bogotá, octubre de 2021.

Diego Molano, entrevista, ministro de Defensa (2021-2022). Bogotá, mayo de 2023.

Emilio Archila, entrevista, Alto Consejero para la Estabilización y Consolidación (2018-2022). Bogotá, abril de 2023.

Isabel Zuleta, entrevista, senador (2022-2026). Bogotá, junio de 2023.

Juan Camilo Restrepo, entrevista, ministro de Agricultura (2010-2013) y jefe del equipo negociador con el ELN. Bogotá, julio de 2019.

Marta Lucía Ramírez, entrevista, ministra de Defensa (2022-2003) y vicepresidenta de Colombia (2018-2022). Bogotá 28 de febrero de 2017.

Rafael Pardo, entrevista, ministro de Defensa (1991-1994) y Alto Consejero para el Postconflicto, los Derechos Humanos y la Seguridad (2015-2018). Bogotá, mayo de 2023.

Sergio Jaramillo, entrevista, Alto Comisionado para la Paz (2012-2017). Bogotá, febrero de 2017.

Tanja Nijmeijer, entrevista, integrante del Bloque Oriental y miembro del equipo negociador de las FARC-EP en La Habana, Cali, marzo de 2021.

ESTE LIBRO SE TERMINÓ DE IMPRIMIR
EN EL MES DE OCTUBRE DE 2024